廉政文化读本

○○○

中兴名相

裴度

杨西江 ◎ 著

山西出版传媒集团 北岳文艺出版社
BEIYUE LITERATURE & ART PUBLISHING HOUSE

图书在版编目（CIP）数据

中兴名相裴度 / 杨西江著．—太原：
北岳文艺出版社，2015.11
ISBN 978-7-5378-4579-3

Ⅰ．①中… Ⅱ．①杨… Ⅲ．①裴度（765～839）
—生平事迹 Ⅳ．① K827=423

中国版本图书馆 CIP 数据核字（2015）第 252918 号

书名：中兴名相裴度
著者：杨西江
责任编辑：庞咏平
书籍设计：张永文

出版发行：山西出版传媒集团·北岳文艺出版社
地　　址：山西省太原市并州南路 57 号
邮　　编：030012
电　　话：0351-5628696（发行部）
　　　　　0351-5628688（总编室）
传　　真：0351-5628680
网　　址：http://www.bywy.com
E - mail：bywycbs@163.com
经 销 商：新华书店
印刷装订：山西万佳印业有限公司

开　　本：700mm×1010mm　1/16
字　　数：86 千字
印　　张：8
版　　次：2015 年 11 月第 1 版
印　　次：2021 年 1 月山西第 2 次印刷
书　　号：ISBN 978-7-5378-4579-3
定　　价：35.00 元

目 录

第一章 裴度传略

裴度（765—839），字中立，唐代河东闻喜（今山西闻喜）人，中唐杰出的政治家、文学家，历仕德宗、顺宗、宪宗、穆宗、敬宗、文宗六朝，数度出镇，五度拜相，史称其“出入中外，以身系国之安危，时之轻重者二十年”，被时人比作郭子仪。

裴度像

裴度，字中立，唐河东闻喜（今山西闻喜县）人，生于唐代宗永泰元年（765）三月三日，历仕德宗、顺宗、宪宗、穆宗、敬宗、文宗六朝。唐宪宗时累迁司封员外郎、中书舍人、御史中丞。他支持宪宗削藩，视察行营诸军；还朝后，与武元衡一同遇刺，武元衡遇害，裴度伤首；裴度遂代武元衡为相，拜中书侍郎、同中书门下平章事。后来，裴度出镇，督统诸将平定淮西。元和十三年（818）淮西平定，拜金紫光禄大夫、弘文馆大学士、上柱国，封晋国公，世称“裴晋公”。开成四年（839），裴度卒，赠太傅，谥号文忠。会昌元年（846）加赠太师，并配享宪宗庙廷。

裴度的家族是河东著姓裴氏。河东裴氏源出有熊氏，风姓。传至非子，被封为秦之“附庸”，号曰“秦嬴”。非子之支孙封于蜚乡（今山西闻喜县裴城）。从此，非子的后代就以“蜚”为氏。到周僖王时（前681—前677），非子六世孙陵被封为解邑君。始“去邑从衣”，而得裴姓。此后，裴氏子孙繁盛。至东汉安帝、顺帝之际，裴氏支分派别，主要分为三眷五房，裴度为东眷裴氏第十八世。裴度虽出身河东著姓，但家世并不显赫。裴度的祖父裴有邻，是唐代的濮阳令；父亲裴溆，曾任唐渑池丞。

唐德宗贞元五年（789），二十五岁的裴度进士及第。这在“三十老明经，五十少进士”的唐代，实属难得。之后，他又连中制举中的博学宏词科、贤良方正科、直言极谏科，对策高第。数科连中，荣耀至极，即使在整个唐代也是罕见的。一时间，裴度名动京华。

裴度科举高中后，通过吏部铨选，贞元六年（790）被授予河阴县尉。河阴的治所在今天河南郑州市西北，与当时的东京洛阳毗邻。朝廷百官犹在，可谓天子脚下。裴度到任后，尽职尽责，考课优秀，以至声闻朝廷。贞元八年（792），他就被越级提拔为监察御史。

监察御史，始置于隋朝，至唐代则是御史台察院的六位御史之一，其职司为纠察百官，巡察郡县，检视刑狱，整肃朝仪，品秩低但权限广。裴度一心竭诚报效，不避权贵，秉公办案，语言直率，了无隐晦。一次，他上疏皇帝，揭发权官宠臣的奸蠹不法，结果语言过于激切，触怒了皇帝，被贬为河南府功曹参军。

元和二年(807)，蜀地叛乱初定，高崇文出任剑南西川节度使。十月，因为不通地方吏治，高崇文丑声闻于朝廷，朝廷只好以武元衡检校户部尚书、门下侍郎、同平章事，来接替高崇文，任剑南西川节度使。武元衡感到重任在肩，需要配备一个精明强干的僚属班底，就上表荐裴度为掌节度府书记，辟杨嗣复、柳公绰均为幕僚。

武元衡一到蜀地，就与裴度等人商量如何恢复蜀地吏治和经济。他认为，蜀地“百废待兴，诸事节约，务在便民”。果然，在他的治理下，蜀地民殷府富，当地的少数民族也纷纷归附。在蜀地，武元衡效法先贤，曾偕裴度等人瞻仰了诸葛武侯祠。他见祠庙颓圮，破败不堪，便重修了诸葛亮祠，并命裴度撰写了《蜀丞相诸葛亮武侯祠堂碑铭（并序）》。序文开篇处，裴度称颂诸葛亮兼具开国之才、治人之术、事君之节和立身之道，是千古罕有的政治家。裴度赞扬诸葛亮革除汉末弊政，执法公允，任人唯贤，治戎讲武。他盛赞，经诸葛亮的苦心治理，僻陋的蜀汉政令划一，道德风行，一跃而为殷富之国，并拥有一支能征善战的劲旅。该碑以裴度华章、柳公绰书法以及石匠鲁建精湛的镌刻工艺被称为“三绝碑”。

不久，柳公绰奉召入京，出任吏部郎中，裴度写了《送柳公绰诗》："两人同日事征西，今日君先捧紫泥"相赠，且说："士别三日，当刮目相看。日后相见，恐怕柳兄已出将入相了。"柳公绰说："彼此彼此。"柳公绰回朝后，很快就向宪宗皇帝推荐了裴度。

过了不久，皇帝顾念裴度大材小用，起用他为起居舍人。起居舍人负责记录皇帝的言行、侍从皇帝，虽品秩较低，但需文才出众者才能胜任。此时的裴度在宦海中已历练了数年，可谓得心应手。唐宪宗元和六年（811），裴度又迁官司封员外郎，代皇帝起草诏令。唐代诏令包括册文、制、敕、诏、诰、策令、玺书、教、谕、德音等，不仅是传达皇帝旨意的重要途径，而且还是整肃朝纲，对臣下恩威兼施、笼络人心的主要手段，非大手笔难以胜任。裴度以他的睿智与文采，行之游刃有余，这令皇帝不得不重新考虑他的任用。不久，裴度晋升为司封郎中，并很快进位正职。

元和七年（812）八月，魏博节度使田季安去世，其子田怀谏虽然年幼，却在众悍将的鼓动、怂恿之下，上表请求继任；不等朝命，便自立为留后。朝廷不允许，准备任命左龙武大将军薛平为郑滑节度使。八月二十五日，宪宗召众宰相商议此事，多数朝臣主张兴兵讨伐。而李绛力排众议，说服皇帝"宜静观其变"，用和平手段解决。十月初十，魏博兵将果然杀死田家家奴蒋士则，赶走了田怀谏，拥立颇有威望的小将田兴（又名田弘正）做留后，暂时代理军政事务。十月十九日，朝廷任命田兴为魏博节度使。为了进一步稳住人心，十一月初六，宪宗派裴度以知制诰的身份去魏博慰问，犒劳军士，朝廷拿出一百五十万贯钱，重赏魏博将士。同时，朝廷还免除了魏博六州百姓一年的赋税徭役。从此，魏博六州成为朝廷在河北的桥头堡，像一把插入藩镇心腹的尖刀。裴度完成使命，皇帝很是赞赏。因他在朝献策拟旨，出使不辱使命，朝廷便特进封裴度为中书舍人。中书舍人是皇帝倚重的近臣，历来有“内相”之称，即是不出面的宰相了。

元和九年（814）十月，裴度升任御史中丞。御史中丞是朝廷重臣，内领侍御史，考察四方文书计簿，劾按公卿章奏，还掌管图书秘籍；外督各部刺史，监察地方行政。御史中丞本是辅佐御使大夫的副职，但唐代御史大夫往往缺位，御史中丞也就成了实际的正职。

裴度为人正直，而且能言善辩，尤其善于把握施政要领，凡是他陈情讲述的事，总能打动人心。裴度奉命宣慰魏博，宣达朝廷旨意，让宪宗很是赞许、看重。元和十年（815），裴度奉旨再次宣慰蔡州，视察行营诸军，并向宪宗预言李光颜可立功。不日，李光颜克敌制胜。由此，宪宗对裴度更是看重，遂令其任刑部侍郎。

当时，淮蔡周边是朝廷平藩的前线，唐宪宗讨伐淮西已有四年，但迟迟未能平叛。关于是否用兵蔡州，朝廷内明显分为主战和罢兵两派。元和十年（815）六月，王承宗、李师道派遣刺客刺杀主战的宰相武元衡和裴度。武元衡遇刺身亡，裴度受伤。事隔仅三日，宪宗就下诏委任裴度为门下侍郎、同中书门下平章事，将朝廷的军国大事托付给了裴度。此前一日，宪宗对裴度说：“不用去宣政殿点卯，直接到延英殿来应对。”裴度进殿应对，宪宗对他安抚告慰备至。当时，京城内盗寇起，朝野一片惊恐。待到委任裴度为宰相的制诰下达，人心方才安定，认为他必定能消灭盗寇。从此，除盗灭贼的计策日日都有进献，朝廷调兵遣将也愈益紧急。

元和十二年（817）六月，蔡州行营的唐邓节度使高霞寓兵败铁城，内外震惊忧虑，议和之声又甚嚣尘上。裴度认为，根本的祸患不及时除掉，终将酿成大祸；淮西腹心之患不除，两河的寇贼也将效法淮西逆贼，与朝廷一争高下。于是，他坚持请求讨伐。宪宗便下诏，让裴度以宰相的身份充淮西宣慰处置，前往淮西前线督战。裴度亲赴淮西督战，才解除了宪宗的心病，宪宗称赞裴度“坚明纳忠”“才谋老成”“智略有定”，“备知四方之事”，认为“付以兵要，必得万人之心”。他对裴度寄予厚望，希望他能“感励连营，荡平多垒，招怀孤疾，字（治）抚夷伤”。八月初三，裴度奔赴淮西，宪宗诏令神策军派三百名骑士随从护卫，并亲至通化门慰问勉励送行。裴度在城楼下含泪辞别，宪宗赐给他御用的犀牛皮玉带。

裴度名义上虽是宣抚使，实际上行使着元帅职权，仍以郾城为行营所在地。裴度到淮西前线后，慰劳将上，罢去监军，整肃军法，严明号令。从此，唐军在淮西前线捷报频传。淮西平定后，横海程权上表，“请举族入朝”，其他藩镇也纷纷上表，称要归顺朝廷。元和十三年（818）二月，裴度被封为晋国公，册封金紫光禄大夫、弘文馆大学士、勋上柱国，食邑三千户，复知政事。

不料，平静中再起波澜。李师道一再违背朝廷命令，宪宗下诏调集宣武、义成、武宁、横海四个节度使的军队与田弘正会师讨伐。田弘正奏请取道黎阳渡过黄河，会同李光颜等队伍一齐进军。宪宗在延英殿召集宰辅大臣商议此事，其他宰臣认为：“统兵在外的事，由大将裁决。”而裴度审时度势，认为黎阳渡河不可取。于是，宪宗诏令田弘正按裴度建议取道杨刘渡河。果然，当田弘正渡河南进，距离郓州四十里处构筑营垒时，贼军威势果然顿减。元和十四年（819）二月，朝廷用兵七个月，就诛灭了李师道，收复淄青十二州。此后，成德等藩镇也自请归朝。

然而，高处不胜寒。宪宗总以为裴度私结朋党。一次，宪宗和裴度谈起朋党问题，含沙射影地说："人臣应当努力为国家谋划，为什么竟有人好立朋党。朕十分厌恶。"裴度说："《周易》有言曰：'方以类聚，物以群分。'无论君子小人，志趣相投的，势必合群。君子召集同志，可以说是同德之人；小人聚为徒众，才是所谓的朋党。此二类，外观虽相似，其内里却相差悬殊。至于说，我们这些人谁是朋党，孰为同德，全在圣主您的明辨邪正了。"宪宗默然。

裴度为人执着，忠心侍奉皇帝。朝政凡有失误，他无不极力谏言，因此遭到皇甫镈等人忌恨、排挤，致使宪宗对裴度也是心生不悦。元和十四年，裴度出任检校左仆射、同中书门下平章事、太原尹、北都留守、河东节度使。

宪宗晚年，生性暴虐，动不动就鞭笞处死身边的宦官，从而引起怨愤。元和十五年（820）正月，宪宗暴崩，据传为宦官所杀。闰正月，宦官梁守谦、王守澄等扶立李恒即位，是为穆宗。

穆宗即位后，荒唐乖戾，辅政的宰相才能平庸，治国无方，致使藩镇再度作乱。长庆元年（821）秋，张弘靖被幽州军囚禁，田弘正（本名田兴）在镇州遇害，朱克融、王廷凑又在河朔作乱。李光颜、乌重胤等名将率领十余万军队攻打逆贼，毫无成效，局势愈发恶化，穆宗更是无力再振朝纲。为此，穆宗诏令裴度以本官担任镇州四面行营招讨使。十月，裴度带兵出承天关，征讨王廷凑。

长庆二年（822）正月，幽州前线已经聚集了各道军队十七八万人，宰相裴度亲临督战。然而，在朝内奸臣的阻挠下，各军难能协调，屡屡受挫，士气更是低迷。正月初五，防守严密的弓高陷落。中书舍人白居易上书指明问题所在，请求让裴度兼招讨使，率领太原全军，协调各部四面进逼。穆宗无心政务，哪里听得进去。不过，他还是不断地嘉奖和表彰，以激励将士报效国家；同时，将裴度进位检校司空，兼充押北山诸蕃使。

裴度作为三朝元老，文韬武略驰名中外，各少数民族都很仰慕他。进剿王廷凑的战事吃紧时，回鹘主动请求带兵从征。裴度获悉后，担心未能助战，反倒添乱，形成所谓“请神容易送神难”的局面。于是，他立即派使前往阻止。然而，使者还是晚了一步。回鹘的武将李义节发兵三千已到达丰州，没捞到好处，拒绝回师。朝廷无奈赏回鹘军缯帛七万匹，回鹘兵马才回归本部。

穆宗昏庸，专宠元稹。而时任翰林学士的元稹，与知枢密魏弘简是刎颈之交。他们勾结皇帝的近侍官员，意欲谋求充任宰相。元稹虽与裴度无仇无怨，但非常忌妒裴度的声名在自己之上。裴度在山东指挥作战时，每每处置军务都有所论奏，但多被元稹留持。无奈之下，裴度三次上疏穆宗，奏论此事。穆宗虽不高兴，但惧怕大臣们议论，于是调任魏弘简为弓箭库使，同时免去了元稹的学士之职。穆宗虽然贬斥了元稹，但偏宠元稹的心意却丝毫未减。长庆元年（821）二月，穆宗看时机成熟，就又起用元稹为宰相。元稹想罢掉裴度的兵权，就劝穆宗洗雪王廷凑罪名，并就此罢兵。二十五日，裴度奉命以平章事兼任司空衔，去任东都留守。谏官们知道这是元稹怂恿皇帝闲置裴度，纷纷上奏。穆宗为了躲开谏官，一连几日不上朝，也不召见臣僚。朝官们又联名上书，说："眼下兵事正酣，裴度有将相全才，不应当投闲置散。"穆宗只好顺应人心，派人转告裴度先回朝，再赴任东都，并暗中准备另作安排。

三月十七日，裴度回到长安朝见穆宗，一再向皇帝谢罪，诉说讨贼无功是自己的无能。说到国事艰难，动情之下，他仆伏龙墀，涕泪横流，呜咽得几乎说不出话来。穆宗深受感动，但元稹等人的耳边风仍然劲吹不止，裴度也因此没有得到应有的重用。二十一日，穆宗诏令裴度守司徒一职，兼扬州大都督府长史，充淮南节度使。"司徒"为一品，品阶高于宰相；扬州是重要的商业城市，又为水运要枢。如此重任，不可小视。但是，对于裴度来说，情况就另当别论。下诏后，议政者无不说裴度是国家中流砥柱，不能远遣朝外。二十七日，皇帝只好再下诏，恢复裴度宰相职务，留在朝内辅佐政事。六月十八日，在众臣请求下，穆宗又加封裴度为平章事。

长庆三年（823），李逢吉内结宦官，外煽朝臣，千方百计排挤裴度。他们到处说裴度的坏话。当时支持裴度的朝臣也不乏其人，但这更使得裴度成为争论的焦点。穆宗认为朝中是非均起于裴度，于是便于八月强令裴度出京，去任山南西道节度使（时称兴元府，治今陕西汉中市）。十一月，穆宗中风，不能下地，群臣许久难见皇帝一面。裴度感到情况严重，就三次上疏，请求早立太子，并要求尽快面见天子。十二月，穆宗终于在紫宸殿接见了群臣，下诏立景王为太子。皇储即定，社稷随时有人继承，裴度才放下心来。

长庆四年（824）正月，穆宗一命归西，敬宗即位。此时，李逢吉向敬宗谎称裴度等大臣反对其即位等等，年方十六的敬宗，还没有弄清做皇帝的职责，便被李逢吉的谗言弄迷糊了。他也感到有裴度这样的元老让自己不自在，该撵出朝去。二月，唐敬宗偶然翻检禁中文书时，看到裴度、杜元颖、李绅当年请求立太子的奏疏，才明白李逢吉、元稹等人所说皆为谎言，不由感慨万端。

当年六月，襄阳（今湖北襄阳市）节度使牛元翼一家被王廷凑血洗。十七日，听到消息的敬宗在朝堂上感慨所任宰相非人，祸国殃民。翰林学士韦处厚向皇帝上疏，举荐裴度。牛元翼惨案后，朝中舆论对李逢吉不利，其党羽便千方百计阻拦敬宗再度起用裴度。一来二去，敬宗也明白了事情的原委。此后，敬宗每逢宦官路经兴元，都要传密旨慰抚裴度，还约好了征裴度回朝的日期。

宝历二年(826)正月二十四日，裴度回朝，敬宗隆重接待。二月初九，裴度又被任命为司空、同平章事，重掌朝政。入春，敬宗决意巡幸东都，并命度支员外郎卢贞前往勘察、修缮宫殿及沿途行宫。裴度至延英殿劝谏道："国家建起两座都城，就是为皇帝巡幸准备的。然而，皇上移驾，一举而牵动全局，影响远近。何况自战乱以来，这种事就断绝了。这些年，东都的宫殿以及百司廨署，早就荒圮。陛下执意要巡幸的话，也得让他们稍事修葺。等过个一年半载的，宫殿都像个样子了，方能议定起行之日。"敬宗说："群臣劝了好久，都没有言及此意，只是说不该去。倘若像你这么说，朕不去也罢，又何必日后呢？"消息传出不久，朱克融、史宪诚都上奏，请求派五千工匠帮助修缮东都，实则在向朝廷示威施压。三月，敬宗见大驾未动，已招来麻烦，才认识到问题并不如他所想的那么简单，只好放弃了巡幸计划。

敬宗贪图享乐，游戏无度，常与一班宦竖宵小厮混。更糟糕的是，他对宦官滥施刑罚，常干一怒杀人的事。这引起一些手握兵权的宦官的不满。这年二月的一天晚上，苏佐明等暗杀了敬宗。原来，敬宗爱与宦官们出宫打狐狸。这天因没打到猎物，十分恼火，打这个骂那个。当时敬宗如厕，在场的二十几个宦官预感性命难保，就趁机弄灭了蜡烛，勒死了敬宗。次日，这些人宣读了刘克明等人矫郭太后（郭子仪孙女）的旨意，拟定诏制，由绛王李悟在紫宸外庑召见宰相百官，宣达噩耗，声称敬宗暴病而亡。枢密使宦官王守澄、杨承和，中尉魏从简、梁守谦等分析形势，感到刘克明等人有篡权的可能，便一起派兵迎江王李涵（穆宗子）入宫即位，是为文宗；同时，他们发动左右神策军、飞龙兵尽诛刘克明等弑逆贼党。

文宗即位，裴度因功加授门下侍郎、集贤殿大学士、太清使诸官职，其他职位依旧；以辅佐导引的功勋，又晋升官阶为特进。那时，沧景节度使李全略刚去世，其子李同捷窃取兵权，谋求承袭父职。裴度奏请讨伐。历经数年，李同捷被诛。

裴度年岁高迈而又多病，上疏恳请辞去军政机要职务，皇帝对他的礼遇更加隆厚。文宗派宫廷医师替他诊断治病，每天让宫廷使臣前去安抚慰问。太和四年（830）六月，文宗下诏赐裴度以三公辅臣的尊崇册封礼仪。裴度上表辞让，文宗以优容态度下诏依从了他的请求。九月，裴度以加守司徒、兼侍中、襄州刺史的身份，担任山南东道节度使、观察使、临汉监牧使。

裴度一向坚贞正直，侍奉君主百折不回，因而屡屡遭受奸邪之辈的排挤打击，几乎陷于难以摆脱的艰难窘迫的困境。到了晚年，渐渐追随

（裴度）东都立第于集贤里，筑山穿池，竹木丛萃，有风亭水榭，梯桥架阁，岛屿回环，极都城之胜概。又于午桥创别墅，花木万株，中起凉台暑馆，名曰绿野堂。

世俗以避免身遭祸事。起先，度支盐铁使王播，大肆向朝廷进献财物，得到了皇帝的宠信。裴度后又引荐韦厚叔、南卓担任补阙拾遗，以求弥合矛盾，扩大交结。即便如此，宰相李宗闵、牛僧孺等仍视之为绊脚石，趁裴度因病辞官之机，罢免了他的宰相职位，然后又将他调出京都担任襄阳节度使。

文宗认为，裴度虽然脚有毛病，来京朝见君主不太方便，但他精力尚未甚衰。开成二年（837）五月，文宗又让他以本官职兼任太原尹、北都留守、河东节度使。诏书发出后，裴度连续上表，以年迈有病推辞，不愿再掌兵权。文宗复诏不允。文宗派吏部郎中卢弘去往东都宣布皇帝诏书，催其起程，裴度不得已而赴任。

开成三年（838）冬季，因不堪北国风寒，裴度病情加重，祈请返回东都养病。开成四年（839）正月，文宗下诏准许裴度返回京城，授官中书令。裴度因病不能入朝向皇帝谢恩，文宗下诏书说："司徒、中书令裴度，多有大功，历居三台之位。现因疾病，未能入朝谢恩，并请假在家疗养。按朝廷制度，请假期间须减俸，甚至停发俸禄，但他所任本官的俸禄食粮，应依旧计日支给。"又派御医去给他治病。适逢三月初三上巳节，皇帝在曲江池赏赐宴饮，群臣赋诗，裴度因病不能赴宴。文宗派宦官赐给裴度诗一首："注想待元老，识君恨不早。我家柱石衰，忧来学丘祷。"随诗，文宗还附亲笔信札说："朕诗集中想见到你的唱和诗，因此将此诗寄给你看。你病未痊愈，必定乏力和诗，改日尽快将和诗呈上。春季养病，需要尽力调养，尽快血气和顺。心中怀念千百，所写不及一二。医药治病，不要顾忌频繁奏请。"

文宗的亲笔书信到裴度家门口时，裴度已经逝世，时间是开成四年（839）三月初四。文宗听到噩耗后，惊悸悲痛了很长时间，又让人重新缮写了那封亲笔信，将它放在裴度的灵位前，同时文宗下诏追赠他为太傅，加等赐给他家助葬的车马、布帛、财物；下诏由京兆尹郑复监护料理丧事，办理丧事所需的东西，全由官府供给。文宗诧异裴度没有遗表，宦官去他家询问这件事。家属搜寻半日，才呈上只写了一半的遗表草稿，其仍以皇帝尚未确定皇储为忧虑，没有一句谈及家事。自当日起，文宗特停朝四日，以示哀悼。裴度一去，震动邦国内外，河南河北、东京西京，男女老幼，知与不知，莫不尽哀。

裴度虽是文臣，却能挺身赴难，率兵讨逆，一度重整山河，中兴大唐。穆宗时期，藩镇死灰复燃，却慑于裴度威名，而不能撼动全局。裴度虽然相貌平平，却内涵隽秀，器识宏大，为人豁达，尤其其机智应对，口才雄辩，见识者无不动容。他以 颗丹心， 腔正气，遍治诸州，历仕六朝，宰辅四帝，五度入相。裴度虽五次被排挤，仍百折不挠。从元和年间闻名朝野之后，裴度就一直担负着元臣宿望的重要角色，连边民外邦都久慕其风采，多有欲充其马前卒者。他出将入相，身系天下安危二十余年，人们都视其为当世郭子仪。历史评价他的风范可比东晋时期的王导、谢安；而安邦定国的才能谋略，较之王导、谢安更胜一筹。

更难得的是，他贫寒中能香山还带，富贵中肯义还原配；在上尽忠，在下安民；遇乱能镇定，处事能谋远；邦国缺少了他，“柱石衰落”；地方没有他，一方不宁。他是著名的中唐贤相，华夏社稷之良臣，更是后人学习效法的楷模，将他列入乡贤祠永远奉祀。他的“绿野堂”

传承了裴氏家风，他的功绩光映日月，其刚正铸就了裴门的士人傲骨。因此，裴氏后人对他倍加推崇，为他特建裴晋公祠，以志纪念。每年农历三月初三，他的家乡裴柏村一带还会举行万人齐集的裴晋公庙会，瞻仰晋公遗像，缅怀其风烈。

第二章 中兴名相裴度

裴度为唐德宗贞元五年（789）进士。唐宪宗时累迁司封员外郎、中书舍人、御史中丞。他支持宪宗削藩，视察行营；筹划伐蔡之际，与武元衡同时遇刺；武元衡遇害，裴度负伤幸免，遂代其为相，拜中书侍郎、同中书门下平章事；后出镇，督统诸将平定淮西。元和十三年（818）淮西平定，拜裴度金紫光禄大夫、弘文馆大学士、上柱国，封晋国公，世称“裴晋公”。

裴度像

第一节 运筹帷幄 平乱拯难

安史之乱以后，唐王朝中央力量大为削弱，被迫以魏博（治魏州，今河北大名东）、成德（治恒州，今河北正定）、幽州（也称卢龙，治今北京）诸镇分授安史旧将为节度使。他们在辖区内委派官吏，征收赋税，扩充军队，割据一方。其后，山东、江淮之间也纷纷效仿，列镇相望。到唐宪宗初年，四十余路藩镇割据四方，形成所谓“自国门以外，皆分裂于方镇”的局面。各地征收的赋税已不及安史之乱前的三分之二，虽说不少，却有许多肥了权奸大蠹，国家经济愈发艰难，严重影响了削藩大计。

遇刺愈坚 请命赴难

淮西节度使治蔡州（今河南汝南），蔡州西南出襄州（今湖北襄樊襄阳），东北出汴州（今河南开封），可以截断汉水及运河交通，西北出即逼唐朝东都洛阳，地位十分重要。唐代宗、唐德宗以来，李希烈、吴少诚、吴少阳先后据有其地。淮西镇勾结河北诸镇，成为唐朝心腹大患。宪宗元和九年（814）闰六月，吴少阳死，吴元济匿不发丧，伪造少阳表，称病，请以吴元济为留后。朝廷不许。吴元济于是遣兵焚舞阳（今河南舞阳西北）、叶县（今河南叶县南），攻掠鲁山（今属河南）、襄城（今属河南）、阳翟（今河南禹县）。

在主战派宰相李吉甫、武元衡及御史中丞裴度等支持下，元和十年（815）正月，宪宗下诏，命令宣武等十六道联兵讨伐淮西。河北成德王承宗、淄青李师道等都不想让唐中央从淮西打开藩镇营垒缺口，极力阻挠。他们屡次上表请求赦免吴元济，都遭朝廷严词拒绝。见此情况，李师道就又派出奸细兵勇四处骚扰抢掠。四月，李师道派的几十个强贼攻打河南转运院，杀死十几个吏卒，焚烧了钱帛三十万缗匹、谷物三万余斛，并“发兵四出，屠舞阳，焚叶县，掠鲁山、襄阳”，一直“及于东畿”，关东震骇。

讨蔡之役持续四年，几无进展，还耗费了无数资财，使国家空虚，供应困难。长期的战争，使多少人家破人亡，妻离子散。五月，皇帝感到讨蔡师出日久，却劳而无功，就派御史中丞裴度到行营去宣达慰问，同时察看前线的情况。裴度返回，向皇帝汇报说，淮西一定可以攻取，并说诸将中，只有李光颜勇武过人，兼明义理，定能立功。宪宗听了很高兴，二十六日，果然传来李光颜在时曲大败淮西叛军的消息，宪宗很欣赏裴度的知人之明。

主和的宰相李逢吉、翰林学士令狐楚都竭力反对继续征讨。韩愈上奏说，淮西连年用兵，收效甚微，师老力竭，难以为继。而叛军也是山穷水尽，其败亡立马可待，其关键在于皇帝果断与否。李逢吉马上让人诬陷说：韩愈在江陵的时候和裴均关系很好。裴均之子裴锷一贯不遵礼法，韩愈竟以“命锷”的笔名作文，还模拟裴锷的做派叫嚣，大失体统。由于这一不实罪名，仅几天，韩愈就被贬为太子右庶子。

主战、主和两派的斗争几乎到了白热化的程度。这天，成德王承宗派牙将尹少卿入朝奏事，顺便为吴元济游说。尹少卿进入中书省，言辞不恭，举止放肆，被宰相武元衡呵斥了一番，赶了出去。王承宗便上书诋毁武元衡。一场更大的阴谋正悄然袭来。五月二十三日，宪宗把王承宗前后三次所上的奏表拿给百官看，议定其反复无常之罪，决定拒其朝贡，以示警告；同时许其自新。李师道豢养的刺客王士元劝李师道说：“天子之所以坚决讨伐蔡州，全怪武元衡、裴度等强硬派辅佐他。请让我等去刺杀他。元衡一死，其他宰相谁还敢再主张伐蔡，自然会劝天子停止用兵。我们就可高枕无忧了。”

六月初三日拂晓，武元衡上朝，刚出了靖安坊东门，贼人便突然从暗处窜出，打灭了扈从的灯笼，射中了武元衡的肩膀，砍伤了他的左大腿。随从抵敌不住，四散逃跑。贼人拉着武元衡的马，走了没几步，就砍下了他的头颅，火速离去。武元衡惨死时，年仅五十八岁。接着，这伙贼人又赶去袭击裴度。裴度前往上朝，还没走出通化坊，暗处忽然蹿出一伙刺客，众随从或伤或逃，只有侍从王义拉着裴度的马，试图一同逃离。刺客冲上来，连砍三剑。脚上一剑，裴度的靴带被砍断；后背一剑，衣服被刺破；头上一剑，被厚毡帽泄了力道，竟伤得不重。裴度栽倒在路边的地沟里。王义大喊：“我抱住刺客了，主人快跑。”裴度知道跑是跑不了的，索性佯装已死。刺客一慌，挥剑砍断了王义从后边抱着的手，看裴度像是死了，匆匆逃离。裴度被抬回家抢救，巡逻士卒大喊“盗杀宰相”，喧呼声传数里，京城一片恐怖。当天，金吾将军和府县官员都收到恐吓信，上写：“不要急着捉我。不然，我先杀你。”噩耗传开，京城震动，大臣们上朝也不敢早起了。宪宗只好下令，宰相出入，必须由金吾严加护卫。兵部侍郎许孟容面见宪宗，泪眼婆娑地说：“自古以来，从无宰相横尸路边，而凶手在逃的，这是朝廷的耻辱呀！”而后他又赶到中书省，哭着说：“请皇上起用裴中丞当宰相，大举搜捕贼党，一定要追查出幕后元凶。”初八日，宪宗下诏，命重金悬赏，搜捕贼党。初十日，神策将军王士则举报称王承宗手下的张晏等人刺杀了武元衡。疑犯被抓，京兆尹裴武、监察御史陈中师负责审讯。

裴晋公祠

裴度养伤二十余天，卫兵日夜值宿，御医、宫使不断来探问诊视。朝中有人主张，罢免裴度，以安抚藩镇、缓和局势。宪宗忿然拒绝道：“我任用裴度一人，足以打败这两股逆贼。”这件惊天大案，不仅没有吓倒朝廷，反而更坚定了皇帝的平叛决心。二十四日，宪宗召来裴度，就当前形势和对策商议了很久。二十五日，宪宗下达《授裴度中书侍郎平章事制》，任命裴度为宰相。裴度深感责任重大，便请考功郎中知制诰韩愈代写了《让官表》坚决推辞。但皇上不许，他这才上任。

裴度还怕皇帝征讨之心不坚，上奏说：“淮西是朝廷的心腹大患，不能不除，况且朝廷已经兴师。两河地区那些藩镇，都将依此决定他们的进退。所以，讨伐淮蔡，绝不能半途而废。”宪宗十分赞同，便将淮蔡用兵之事交由裴度全权负责。但是，当时朝里有个不成文的规定，宰相不得在私第会见客人。裴度上奏说：“现在寇盗还没荡平，宰相应当招请天下贤能共商大计。而治安不佳，请于私第会客。”宪宗当即予以批准。二十八日，朝廷在京城公开处死了刺杀宰相的杀手张宴等人。刺杀案虽仍留有疑点，但皇帝却等不及了。几年后，真正的凶手才浮出水面，原来是李师道派刺客干的。

裴度自领军务以来，丝毫不敢懈怠。他看出淮蔡前线的沉寂主要是由于主帅严绶的无能。于是，裴度劝皇帝换帅，宪宗犹豫不决。元和十一年（816）六月初十，高霞寓在铁城（一名文城栅，在今河南遂平县西南）大败。八月二十七日，李光颜又败阵于时曲。消息传来，宪宗才下定决心换帅。九月二十九日，宪宗任命韩弘为淮西各军都统。人们以为，新统帅到任后，前线的形势会为之一变。然而过了一阵，韩弘渐渐显露其老狐狸本性。他深明“鸟尽弓藏”之理，便有意拖延战事，借贼人之势向朝廷邀功请赏，索要权柄。十月，宪宗任命户部侍郎李逊为襄、复、郢、均、房等州节度使，右羽林大将军高霞寓为唐、随、邓节度使。裴度与众将商议后，认为唐州和蔡州接壤，应该让高霞寓专事进攻蔡州，由李逊调度五州的赋税以供粮饷。

十一月，高霞寓果然不负厚望，捷报频传。初五，韩弘奏请朝廷，令各军合力发动新一轮攻势，得到批准。先是，寿州刺史李文通奏报击败淮西军兵，李光颜、乌重胤攻占了小溵水的城池。初十，李文通在固始又打了胜仗。为了破坏朝廷的军事行动，叛军又派出小股兵士，焚烧了襄州佛寺里的军用储备。官军只好把储积的草料全部运到西郊。十一日，叛军转而又焚毁了献陵的寝宫、永巷。十二月，朝廷以荆南节度使袁滋代为主将。袁滋到达唐州后，对淮西叛贼采取怀柔之策，撤去侦察敌情的士兵，不让军队进入吴元济的辖境。袁军未立寸功，仅是空耗军饷。前线诸帅贪贿自肥，又同床异梦，千方百计保存自己的实力。在此情况下，裴度不得不建议换将。二十三日，宪宗让太子詹事李愬接替了袁滋，出任唐、随、邓节度使。

李愬，洮州临潭人，其父即德宗朝收复京师的名将李晟。李愬早年名声不响，但沉稳、大度，深谙文韬武略。初出茅庐的李愬有意表现得怯懦文弱，对部伍号令不严。恰逢军队还没从铁城大败的低谷中走出来，厌战情绪漫延，他就对部下说："天子知道我李愬能够忍辱负重，所以派我来安抚你们。至于打仗，就不关我的事了。"他还利用一切机会慰恤士兵，和将士打成一片。淮西军看到朝廷接连换了几员主将，都一无所成，本来就有些轻敌；现在看李愬不像个能打仗的样子，警戒也便松懈下来。

元和十二年（817）春，在宪宗的支持、宰相裴度的运筹下，淮西前线的战局逐步改观。二月，李愬捉到吴元济的大将丁士良。在李愬的感召下，丁士良毅然投于其麾下，并擒住吴元济的又一员战将陈光洽。此后，由于久围频战，叛军的粮草匮乏，又有很多叛军投降。三月，吴秀琳献出文城栅来降后，投降的将士更是不绝于途。

李愬率兵杀过两军界河溵水，占据险要，筑起城池。五月初二，李愬派遣柳子野、李忠义袭击朗山，活捉了敌守将梁希果。二十七日，李光颜攻破郾城，张伯良三万人马折损十之二三，仓皇溃逃。之后不久，唐军又攻下了马鞍山，拿下路口栅。四月初二，山河十将马少良进而攻下了嵖岈山，活捉了敌将柳子野。之后，朝廷的军队势如破竹，进入淮西吴元济的地盘。六月初四，吴元济上表请求自缚赴京谢罪，宪宗许诺免他一死。然而，吴元济借口被部下挟制，迟迟未来。七月二十七日，李逢吉等人上奏说讨淮西一打四年，劳师费财，以致百姓都有用驴耕田的了。二十八日，皇上召众臣至延英殿重新议论此事，众大臣七嘴八舌，意见不一，只能无果而终。宰相李逢吉、王涯欲借“兵饷严重困难”“师老财竭”，建议乘此小胜，见好就收，请求罢兵。宪宗开始动摇起来，只有裴度默默无言。当李逢吉等大臣出去后，裴度才对宪宗说：“臣请求亲自前往督战。”由于事出突然，宪宗竟一时难以决断。裴度态度凝重地说：

孙武论兵，重在五事：道、天、地、将、法。“道者，令民与上同意也，故可以与之死，可以与之生，而不畏危。天者，阴阳、寒暑、时制也。地者，远近、险易、广狭、死生也。将者，智、信、仁、勇、严也。法者，曲制、官道、主用也。凡此五者，将莫不闻，知之者胜，不知者不胜。”臣发誓不与淮蔡逆贼共存。臣最近看了吴元济上的表章，他的处境实际上已经相当窘迫。只因众将人心不齐，不去合力进逼他，他才没投降罢了。若是臣亲自到前线行营去，众将恐怕臣抢了他们的功劳，必定会争着进兵攻打，反贼一定能消灭。

同时，裴度分析了当时形势后认为：

河北三镇为患，尚有黄河天险阻遏，暂时不会对朝廷形成直接威胁。山东淄青李师道力量相对薄弱，又有黄泛区居间，也不足为虑。唯有淮西藩镇接近东都洛阳，近年十分猖狂，频频四出骚扰，使社会震荡，人人自危。此外，淮西藩镇还阻断了江淮的贡赋之路。对朝廷而言，淮蔡不平，如鲠在喉，不可不除。但如果三面出击，朝廷又力不从心。为今之计，只能放二打一。先以缓兵之计，稳住河北与山东诸贼，然后再全力进剿淮蔡。平蔡四年，耗资巨万，却进展不大，其根本原因有二：一是，诸路兵马各自为战，无统一元帅，无全局部署，又无长远方略，步调不一，自然收效甚微；二是，千里用兵，却以不懂军事的宦官为监军，临机向朝廷请命。别说前线战况不明，即便朝廷有破敌妙计，千里传令，延缓时日，战局已变，又岂能奏效。他建议于前线设讨淮蔡统帅，撤掉宦官监军，统一军令。授予前线诸将临机决断之权。在战略上，四面合围淮蔡，多方佯攻，吸引敌军主力四面出击，然后相机以奇兵突袭，避实就虚，乘虚而入，直捣敌巢，以黑虎掏心之法，擒贼先擒王，抓捕吴元济，则树倒猢狲散，兵败山倒，大局可定。

宪宗听了很高兴。二十九日，宪宗任命裴度为门下侍郎、同平章事、兼彰义节度使，申、光、观察使，充任淮西宣慰使、招讨使、处置使；制书写道：

辅弼之臣，军国是赖。兴化致理，则秉钧以居；取威定功，则分阃而出，所以同君臣之体，一中外之任焉。属者问罪汝南，致诛淮右。盖欲刷其污俗，吊彼顽人。虽挈地求生者，实繁有徒；而婴城执迷者未剪其类。何兽困而犹斗，岂鸟穷之无归欤？由是遥听鼓鼙，更张琴瑟，烦我台席，董兹戎旃。朝议大夫、守中书侍郎、同平章事、飞骑尉、赐紫金鱼袋裴度，为时降生，协朕梦卜。精辨宣力，坚明纳忠。当轴而才谋老成，运筹而智略前定。司其枢务，备知四方之事；付以兵要，必得万人之心。是用祷于上玄，拣此吉日。带丞相之印绶，所以尊其名；赐诸侯之斧钺，所以重其命。尔宜宣布清问，恢壮皇猷。感励连营，荡平多垒。招恤孤疾，字抚夷伤。况淮西一军，素效忠节。过海赴难，史册书勋。建中初，攻破襄阳，擒灭崇义。比者胁于凶逆，归命无由。每念前劳，常思安抚。所以内辍佐辅，俾之师率，实欲保全慰谕，各使得宜。汝往钦哉！无越我丕训。可门下侍郎、同中书门下平章事、蔡州刺史、充彰义军节度、申光蔡等州观察等使、仍充淮西宣慰处置使。

同时又任命户部侍郎崔群为中书侍郎、同平章事，以代理暂时卸任的裴度执掌朝政。

讨蔡大计一定，朝中主和的诸大臣，如宰相李逢吉、王涯等，虽不敢再公开反对，但心中却都各自盘算着如何阻挠征伐。李逢吉苦思冥想，终于想出了一条妙计，在拟制诏书时，巧设措辞，既表示了对圣意的支持拥戴，又要在任命上埋下将相不和的绊脚石。不过，裴度始终保持着清醒的头脑，从未低估过反战奸臣的能量。他很快从精心炮制的诏书中，看出了作梗的端倪。

首先，制书封他的头衔为“宣慰招讨处置使”，是领有军权的。而韩弘之前已是都统，如果再任裴度招讨处置使，容易造成夺其帅权的误会，引起权力之争。于是，裴度自请不兼招讨使，只领宣慰使、处置使衔。

其次，诏书说“婴城执迷者未翦其类”，显然是要将依旧固守城池的人全部翦灭。这显然不利于分化瓦解叛军。于是，裴度请求将“翦其类”改为“革其志”，即让左右彷徨者看到有退身自保的希望，从而背离奸党。

再次，诏书中还让裴度“更张琴瑟”，意思裴度可以改变现有的决策，另搞一套。这样的做法极易引起猜忌。于是，裴度主张改为“近辍枢衡，授以成算”。这样，裴度的措施完全来自于皇帝的直接授意，诸将也就不敢存疑了。

退朝后，裴度为皇上剖析了诏书措辞下暗藏的刀剑，皇上恍然大悟。宪宗看到裴度如此高明，深为拥有这样的贤臣暗自高兴，当即就照准了他的一应更改。此外，裴度为防止宰相李逢吉、翰林学士令狐楚在平淮中作梗，请求宪宗以草拟诏书不当为由，将令狐楚出为他任。元和十二年（817）八月初五，令狐楚被遣出翰林院，另任中书舍人。

经过近半月充分的准备，八月初三，裴度向皇帝辞行。临别之际，裴度大有“壮士一去不复返”的悲壮。他说：“淮蔡叛党乘虚作乱，使主上忧虑，这是臣子的耻辱，为臣义在必死。倘若讨灭逆贼，再见天子还有日期；逆贼仍在，则臣无归期。”宪宗感动得流下了眼泪，当即命令从禁卫神策军中，调拨了三百骑护卫裴度。裴度启程出征，宪宗亲自到通化门为他送行，又赐给他一条珍贵的犀牛皮玉带，象征如君亲临。

指挥倜傥　统兵平蔡

裴度计划将治所设在郾城。叛军获知这一情况后，就派出七百骁勇骑兵到襄城南面的白草原进行拦击。镇将曹华截获叛军消息，提前做了充分准备，将拦击的叛军一一击退。裴度一行有惊无险，于八月二十七日安全抵达郾城。

在淮西的各路统帅中，不乏良将，只是长期受制于监军，很难发挥才能。监军本是皇帝身边的宦官，到军前却依仗宠信，飞扬跋扈。倘若战场胜利，将士们流血得来的胜利，便被他们抢去报功；倘若失利，将士们则要代人受过。更严重的是，这等伺候人的角色，毫无经验，却对战阵指东道西；遇重大举措时，将帅还要向其请示。因此，贻误战机的事时有发生。裴度一到淮西前线，慰劳将士，整肃军法，严明号令；同时上奏宪宗，罢除宦官监军。宪宗十分开明，当即撤回了监军梁守谦，还军政于将帅。

九月，唐将李愬准备进攻吴房（今河南遂平县）。诸将认为出兵当日是个往亡日，极凶，担心出师不利。李愬说：“我们兵少，不足以与强敌硬拼，应当出其不意。他们因今天是往亡日，自然不会防备，我们正好出其不意，进行突袭。”于是，李愬出兵攻克了吴房的外城，斩敌一千多，其余贼兵退守子城，不敢出来。李愬领兵退回，以引诱敌军，淮西将领孙献忠果然上当，率领五百骁骑追击。官军人众大惊想逃，李愬下马，站在巨石上，喝道：“胆敢退却者，斩！”将士们只好又返身拼死力战。结果，孙献忠战死，敌兵败退。有人劝李愬乘胜去攻打子城，必能攻下。李愬说：“这不符合我的计策。”原来，他有更深的军事意图，要吸引敌军于四周散点布防。这次胜利，应该说是将领在不受监军牵制的情况下取得的，也是裴度坐镇淮西后，唐军取得的一个较大的胜利。

九月十四日，淮西叛军侵犯溵水镇，杀死韩全义等三名将领，并烧了草料。针对淮蔡叛军常四处劫掠的行径，裴度让周边唐将一齐向敌人施压，以吸引敌人向周边增兵，使他们内部空虚；或布好口袋阵，让敌人来自投罗网，再围而歼之。他采用将计就计之法，让李愬派人给吴元济写信称：“你方不要进犯周边各州，我们也不攻打你，咱们相安无事，过好这个冬天。”吴元济信以为真。消息传到朝廷，李逢吉趁机诋毁裴度不懂军事。宪宗感到李逢吉在朝必定不利于讨蔡，便让李逢吉出为剑南东川节度使。

一日，降将李祐劝李愬说：“蔡州精兵都在洄曲，蔡州城防空虚，可趁机直取州城。等贼将觉察，吴元济已被捉住了。”对此，李愬表示赞同，但此战非同寻常，胜败对双方都至关重要。为此，李愬特派掌书记郑澥密报裴度直取蔡州的计划。裴度闻报，高兴地说：“作战非出奇兵不能制胜，李常侍的计略很好，正合我意。但要仔细谋划。”

十月初，裴度与李愬分析叛兵部署，为平蔡之役制订了“四面进逼，切断外援；围困小打，引敌分兵；乘虚而入，黑虎掏心；直捣贼巢，擒贼擒王”的总体方略，并授意李愬谋划奇袭蔡州的具体妙策。

十月初十，李愬命令马步都虞侯、随州刺史史旻等人留守文城，自己率领三千人作中军，命令李祐、李忠义率领三千突骑作前锋，命令李进诚率领三千人殿后。十月十五日，李愬认为时机成熟，决定当日实施对蔡州的突袭。唐军隆重誓师。士兵不知往哪里去，李愬说：“只管向东走。”刚走了六十里，天就黑了。到了张砦村，唐军把当地的叛兵杀死后，占据了营栅。他命令士兵稍事休息，吃些干粮，整理好马具兵器。然后，他留下成义军的五百人镇守，以阻断朗山的援兵。接着，他命令丁士良率领五百人拆断洄曲通向各地的道路桥梁。

洄曲与吴元济的蔡州城近在咫尺，拥有上万精兵。若唐军袭击蔡州，洄曲将与蔡州连成一气，那么很难袭击成功。李愬探明守将董重质老母与家属所在，便亲自去看望他们，并派其子董传道捎信，对董重质晓以利害。董重质当然明白李愬的意图，慰问其家属，当然也是以其家人的性命相要挟。无奈之下，董重质只好单人匹马来向李愬投诚，而李光颜则趁机招降了其手下万余人马。

张砦村以东，官军三十二年未曾到过，情况不明，人人都以为此去必死无疑；只是害怕李愬，没人敢抗命。部队继续前行，众将问往哪里，李愬说：“进蔡州，捉吴元济。”众将闻言，大惊失色。当时风雪很大，旗帜也被吹裂了，人马被冻死者到处可见。部队顶风冒雪快速行军。李愬吟岑参《西征》：“匈奴草黄马正肥，金山西见烟尘飞，汉家大将西出师。将军金甲夜不脱，半夜行军戈相拔，风头如刀面如割。马毛带雪汗气蒸，五花连钱旋作冰，幕中草檄砚水凝。虏骑闻之应胆慑，料知短兵不敢接，车师西门伫献捷。”半夜，雪下得更大了。士兵们既紧张，又十分疲惫，李愬口吟马戴《出塞》：“金带连环束战袍，马头冲雪过临洮。卷旗夜劫单于帐，乱斫胡兵缺宝刀。”他让士兵们低声背诵此诗，这既消除了兵士们心中的惊惧，又赶走了睡意。又走了七十里，终于到了蔡州城下。州城外有一个鹅鸭池，李愬命令惊起鹅鸭乱叫，以掩盖行军的杂沓之声。而在外围，李光颜等吸引了淮蔡敌兵主力。如此，李愬才得以乘虚而入。

十六日四更的时候，李愬来到城下，城里竟毫不知晓。李祐、李忠义用刀剑在城墙上挖出脚窝，先登上城去，壮士们跟着也攀了上去。他们杀死了熟睡中的守城门士兵，只留下几个打更的，押解着照常打更。先进城的，打开城门，放进兵众。鸡叫时分，雪也停了，李愬的军兵已进占了吴元济的外宅。有人报告吴元济说：“唐军来进城了。”吴元济还在睡觉，笑着说：“不过是几个俘虏和囚犯捣乱罢了，天亮后把他们杀掉就完了。”不一会儿，又有人来报：“州城已经陷落了。”吴元济说：“这必定是洄曲的子弟来找我要御寒衣服的。”他再也睡不着了，就起了床，突然听见传达军令声：“李常侍传话！”应答的居然有几千人。吴元济这才害了怕，说：“什么常侍，能到这里！”他马上率领左右，登上牙城，组织抵抗。

李进诚受命攻打牙城，击毁城门，进占武器库。但守敌困兽之斗，尤其疯狂。唐兵花了一天的时间，都没能攻入牙城。十七日，唐兵开始纵火焚烧牙城南门，当地百姓都赶来帮忙背送柴草，使唐军的攻势更加猛烈。傍晚时分，南门被烧毁，吴元济穷途末路，只好登上城头请降，束手就擒。十八日，吴元济被押赴京师，李愬派飞马向裴度报捷。元凶就擒，申、光二州两万余人守军纷纷投降。李愬让他们就地各尽其职。被吴氏胁迫的兵众“十分之九，均不愿为兵，而愿回家务农”，裴度就全部释放了他们。无疑，这既有利于社会安定，又有利于生产恢复。

二十三日，淮西行营上奏朝廷已俘获了吴元济，宪宗这才露出了笑容。光禄少卿杨元卿对宪宗说：“淮西有许多珍宝，臣知道在哪里，派臣去取，必定能拿到。”宪宗说：“我讨伐淮西，是为民除害，珍宝不是我所要的。”元卿惺惺而退。

二十四日，裴度先派马总到蔡州抚慰百姓；次日，才把数万降卒重新编伍，并率军打着彰义军节度使的旌旗，浩浩荡荡开进蔡州城。李愬闻报，佩戴弓箭，出城列队迎候。裴度一到，李愬马上就在道左向他跪拜。裴度没想到他会行此大礼，慌忙闪避。李愬说：“蔡州人叛逆已久，其数十年的顽劣本性一时难以驯服，更不知晓君臣上下的礼数。我愿借此机会展示朝廷的威严。”裴度这才在马上受了这一大礼。沿街百姓也纷纷跪拜在地。

入城后，裴度对蔡州百姓推心置腹，特意安排投诚兵卒作府中牙兵。有人劝道：“蔡州归顺时日尚浅，还有很多反复无常之辈，您不能不防呀！”裴度笑着说：“我作彰义军节度使，反叛朝廷的元凶已经受缚，蔡州的百姓就是我的属民，还怀疑什么呢？”府衙牙兵中的蔡州人听到此话，感动得泪流满面。

吴元济统治时，不许路人交谈，不准私下来往宴饮，夜间不得点灯，违者处以极刑。裴度废止了这些不法苛政，并下令只禁止偷盗抢劫、打架杀人，其余的一概不问，人们交往，不限白天黑夜。百姓如脱牢笼，重得生活乐趣。他们十分感念朝廷与裴度的恩德。

裴度回到文城，众将问裴度说："开始时，李愬朗山兵败，而不担忧；吴房获胜，而不攻城；大雪飞扬，却继续进军；孤军深入敌境，却不畏惧，最后竟成功了。这些都是我等不太明白的。请问这是什么缘故？"裴度说："李愬'始如处女，敌人开户；后如脱兔，敌不及拒'。（《孙子兵法》）当时，朗山交战失利，并非真败，而是骄敌之计。贼军由此轻视我军，不加防备，我等正好乘虚而入。如果夺取了吴房，敌军就会逃回蔡州，合力坚守，而我留下吴房，围而不打，这是分敌之计，

裴晋公祠裴度像

以分散他们的兵力。风雪交加，天色阴暗，烽火难以看清，就不能传递消息，这是韬晦之计，敌人就会顾此失彼。孤军深入绝境，人人都会拼死一战，所谓置之死地而后生，战斗力自然倍增了。放眼长远的人不会盯住近处不放，考虑大事的人不计较小事的得失。若为一次小胜，就自骄自夸；一次小败，就忧虑不安，扰乱了我军方略，哪里还能立功呢！”众将都非常佩服裴度的知人善任。裴度继续说：“李愬对自己的供给很节俭，而对士人的待遇却很丰厚，认准贤能就任用，化敌为友，毫不疑忌，认为事情当办，就当机立断，这就是李将军成功的原因。”

二十八日，宪宗下诏，命令韩弘、裴度上报立功将士及降将名单。同时，为安抚当地百姓，朝廷免除淮西州县百姓两年赋税，毗邻四个州也免除明年夏季税收；厚葬阵亡官兵，抚慰家属，供给他们五年的衣食；伤残兵士，由政府终生供养。裴度爱民如子，当地百姓更加爱戴他。

《左传》云：“国之大事在祀与戎。”孙子曰：“兵者，国之大事，生死之地，有亡之道，不可不察也。”故“君子有不战，战必胜矣”。（《孟子·公孙丑（下）》）攻灭吴元济，去掉了朝廷卧榻旁的虎狼，既可高枕无忧，又极大地震慑了其他藩镇。不久，沧景、卢龙、成德等镇相继归顺朝廷，藩镇的气焰有所收敛。同时，漕运得以通畅，一定程度上也缓解了唐朝的经济压力。

十一月初一，宪宗在兴安门举行了盛大的仪式，吴元济被当众斩首，献祭于宗庙。初三，朝廷论功行赏：任命李愬为山南东道节度使，赐给凉国公的爵位；加封韩弘兼任侍中；韩愈升任刑部侍郎；李光颜、乌重胤等有功将领也都逐一提拔。十六日，宪宗任命唐随兵马使李愬为神武将军。

同时，宪宗授给梁守谦两把宝剑，赐予生杀大权，让他赶往蔡州严惩战犯。当时，裴度已返回郾城，因担心梁氏滥杀无辜，便决定暂不回京。他与梁守谦一起返回蔡州。梁守谦虽然尚方宝剑在手，却也不想拂裴度的意，就与他参商着，对众战犯量过施罚。裴度并未完全遵诏行事，从而救下了多位蔡州降将。为此，裴度特地上了一道奏疏，说明其中情由和执行情况。宪宗体谅裴度旨在缓和地方与朝廷的矛盾，就没有责怪他的违旨。

十二月，裴度班师回朝。满朝文武兵部官员郊迎三十里，百姓观者人山人海。十二月初七，宪宗封裴度为金紫光禄大夫、弘文馆大学士、上柱国，晋爵晋国公，食邑三千户，不日又入朝执政。为了尽职报效，裴度便携家留居京师。之后，裴度兵不血刃，写信劝王承宗臣服。元和十三年（818）四月，王承宗献德棣二州。

决策庙堂　调变有方

元和十三年正月，朝廷让左常侍李逊至郓州宣慰，想招抚李师道。李公度也劝李师道上表，以长子李弘方入京为质，献出沂、密、海三州土地。师道正欲依从，但众人七嘴八舌，他便后悔了。他有心杀掉李公度，但又碍于李公度辅立有功，就没动手，仅把他囚禁起来。

李师道愚昧软弱，军府中的大事，只和妻子魏氏，家奴胡唯堪、杨自温，婢妾蒲氏、袁氏和孔目官王再升商量，大将和幕僚无人能参与其中。比部郎中张宿劝他割地称臣，以子为质，说：“李公如果归朝，仍是宗室同姓，按尊卑来论，还是当今皇上的叔父辈呢，这是第一个不委屈；以十二个州侍奉占有三百余州的天子，这是第二不委屈；拿五十年世袭爵位，向二百年天子称臣，这是第三个不委屈。现在李公造反的情形已经暴露，天子允许你反省，应该送子入朝为人质、割让土地来赎罪。”李师道根本听不进去。李师道的一个小妾还对他说：“先司徒的土地，怎能一朝割让？现在不献三州，不过打一仗；即使不胜，再割让也不晚。”贾直言用车拉着棺材冒死劝谏李师道，还画了一张囚车押解罪人与妻子的画儿献上，进行讽谏。李师道大怒，就把他囚禁起来。李师道上表，说军人们不许他交出人质、割献土地。

宣慰的李逊发觉李师道并非真心诚意归顺，回朝便对宪宗说：“李师道冥顽愚昧，反复无常，恐怕只有用兵了。”四月，宪宗采纳裴度建议，下了一道《令百僚议征李师道敕》，以统一思想，准备讨伐李师道。

五月，皇上下诏，调集宣武、义成、武宁、横海四镇会同魏博、田弘正，共五路兵马讨伐淄青（今山东东平县西北）。李光颜首先率军讨伐山东。裴度上《论田弘正讨李师道疏》，在其中提出了自己分进合击的战略思路。七月，皇上委任裴度主持用兵。听说宰相裴度亲自主持征讨山东，本来畏缩不前的韩弘也又急又怕，主动领军去攻打李师道，围困了曹州。

田弘正接受朝廷命令后，奏请皇上说，想从黎阳（河南浚县）渡过黄河南下，再会同李光颜一同进军。为此，宪宗特召将相至延英殿议论其可否，大臣们都说：“前方军事，应由统帅相机行事，宜按其奏请处置。”但裴度却以为不妥，他说：“魏博一军，与其他四路不同。一旦过河，只能前进，而不能后退。如果从黎阳渡河，须多迂回上千里，必然辛劳将士，并空费军饷，又易使乱军争得喘息的时机。再说，田弘正、李光颜二人，威不足以服众，谋不能临机决断，难免相互猜疑观望，迁延时日。与其让田弘正进入河南屯兵滞留，还不如让其在河北养威蓄锐。等霜冻时节，再由杨刘（山东东阿东北）渡过黄河，直插郓州（东平西北），威胁叛贼腹地，形成直逼要害之势，如利剑穿心，足以使贼众恐慌惊惧。”皇上听了这番话，犹如拨云见日，不由地点头称是，连声说：“卿言极是，卿言极是。”于是下诏，让田弘正于霜降后再由杨刘渡河，直逼郓州，距郓州四十里安营扎寨。

不久，李愬攻下平阴，郑权攻下海州，李祐在鱼台打败李师道叛军后，又进兵东海，攻取了金乡。李光颜攻破濮阳，魏博田弘正从杨柳渡河，直逼郓州。元和十四年（819）正月，田弘正于阳谷击败李师道，一战杀敌三万，擒获三千；于东平破敌五万。

运筹帷幄　平藩山东

李师道听说官军逼近，便征发百姓，修缮郓州城墙和壕沟，修整器械，甚至役及妇女，百姓更加怨恨。都知兵马使刘悟待人宽厚，军中都称他为“刘父”。当时，刘悟屯扎阳谷，以抵挡魏博军。到田弘正渡过黄河时，刘悟的军队猝不及防，屡次战败。有人对李师道说：“刘悟不研习兵法，专门收买人心，恐怕有其他目的，应及早防着他。”于是，李师道召刘悟来议事，想借机杀他。有人劝阻：“现在官军四面包围，刘悟没有叛逆的事实，仅凭一面之词就杀了他，众将谁还肯为你出力？这是自绝爪牙呀。”李师道听了，认为有理，便把刘悟留了十天，又赠送很多金帛，使他安心。刘悟与李师道之妻魏氏私通多年，清楚李师道本来恨自己，现在又心生猜忌，知道凶多吉少，回营后便暗自做好防备。刘悟送密信给裴度，表示愿意做内应。裴度便决计对郓州之敌围而不打，静观其变。李师道因刘悟在外作战，便安排刘悟的儿子刘从谏任门下别奏。刘从谏与李师道的奴仆每天在一起，探听到李师道的计划后便密告给父亲。

刘悟从阳谷回兵赶往郓州的时候，暗中派人把计划告诉田弘正，说："事情成功了，我会点燃烽火告你。万一城中有备，攻不进去，希望您领兵前来助我。成功那天，功劳都归您，我刘悟哪敢据为己有？"同时，他还让田弘正占据了自己的营盘。

有人对李师道说："刘悟是个祸患，不如及早除掉他。"元和十四年（819）正月初八，李师道暗派两名使者拿着文书交给行营兵马副使张暹，让他砍下刘悟的首级献来，并暂时统领其行营。当时，刘悟正坐在高高的山丘上设帐摆宴，距离行营仅二三里。两个使者来到行营，把文书密交张暹。张暹素与刘悟友好，就假装和使者商议说："刘悟从节度使府回来后，做了许多准备，这事怕不能着急。我先去告诉他，就说：'司空派使者来慰问将士，还有赏赐，请都头迅速返回，听使者传话。'这样，他不会疑心，我们就能算计他了。"使者同意了。张暹把文书藏在怀里去见刘悟，屏退众人，把文书交给他看。刘悟先派人杀了两个使者，便开始筹划除掉李师道。

傍晚，刘悟回营，命令兵士严加护卫。他招来众将，脸色严肃地说："我刘悟与众位不顾生死，抵抗官军，实在没有对不起司空的地方。而今司空听信谗言，来取我的人头。我一死，就轮到诸位了。再说天子所要杀的，只是司空一人。现在形势一天天紧迫，我们为什么要跟他一起被灭族呢！我想和诸位卷旗束甲，回兵郓州，奉行天子的命令，生擒李贼。如此，不仅可以免祸，还可求取富贵。诸位认为怎样？”兵马使赵垂棘问：“这样做，事情真能成功吗？”刘悟应声骂道：“你想和司空合谋吗！”于是，赵垂棘被斩。他又遍问众人，迟疑不答的，全都杀掉；连同军中素日被众人所厌恶的人，总共三十多人，一一尸横帐前。其余的人都吓得两腿发抖，说：“我们都愿听都头的命令，誓死追随。”刘悟命令：“进了郓州城，每人奖赏一百缗。只是，不准靠近军镇的府库。军镇节度使府、逆贼党羽家财，任凭抢掠。有仇的报仇，有怨的报怨。”他让士卒们都吃饱了饭，三更鼓后，立即出发，人衔枚，马衔环，途中遇有行人，就拘捕扣留。到了离城半里处，天还没亮，刘悟命令军队停下来。听到城上不打更了，他才派了十个人前往，传话说：“刘都头接到牒文，要我们进城。”守城的请他们写好简书，说要报告节度使。这十个人便拔出刀来杀了他们。守门的见此情景，全跑了。刘悟大军随后赶到，冲入城中，见兵就杀。城中杀声震天。不一会儿，子城城门破砸开，只有牙城还在抵抗。李师道闻报爬起来，急忙跑去告诉嫂子裴氏，说：“刘悟作乱，我等只好上表请辞为民，回乡去守护先人陵墓了。”刘悟用斧子砍破城门，冲了进去。衙中的士兵不过几百人，没过一会儿，便也力量不支。他们扔下武器，跪在地上投降了。

刘悟带兵登上政事堂，派人搜捕李师道。李师道和两个儿子被从厕所里搜了出来。刘悟命令把他们押在衙门外，师道想见刘悟，刘悟拒不相见。师道又请求刘悟将他父子押往京城，刘悟派人对他说：“我奉天子密诏，要送司空赴京。然而，司空还有什么脸再见天子呢？”李师道还有侥幸求生的想法，说："我愿到京师由天子治罪。"他的儿子李弘方仰天长叹道："事情已经到了这种地步，还是快些死了的好！"二月，刘悟杀了李师道父子以及魏铣等数十人。从卯时到午时，刘悟命令两个都虞侯巡行里坊集市，禁止抢掠，全城很快就安定下来。刘悟把士兵和百姓集合到球场，骑着高头大马，亲自绕场安慰他们。文官武将既害怕又高兴，都进府祝贺。刘悟见了李公度，握着他的手叹息不已。接着，他把贾直言从监狱中放出来，安置在幕府之中。

田弘正看见烽火燃起，知道刘悟已经攻下了城池，就派使者前去祝贺。刘悟派使者把李氏父子的头颅送到田弘正营中，田弘正疑其不真，招来夏侯澄辨认。夏侯澄与李师道是故交，仔细审视了半天，认得分明，才大声哭倒在地，昏死过去。十四日，田弘正让人写了报捷文书，专送京师，奏知宪宗。二十一日，李师道的首级也送到京城。淄、青等十二州这股割据五十四年的分裂势力，终于平定了。

裴度移驾郓城，进城安民，嘉奖有功人员，为之上表请封。朝廷为此还颁发了《平李师道德音》，与万民举国同庆。从元和十三年七月至十四年二月，朝廷用兵七个月，就平灭了淄青李贼，肃清了整个山东之地，收复了十二个州。山东一平，河北藩镇鼠伏请罪。自安史之乱以来，近六十多年了，各藩镇这才全都遵行了朝廷的法令。

宪宗想调刘悟到方镇去，又担心刘悟不肯接受命令，到时又得用兵。于是，宪宗下密诏，命田弘正观察刘悟动向。刘悟很有力气，喜欢徒手搏斗。得到郓州的第三天，他在军中大宴三天，观看壮士徒手搏斗。他与田弘正派来的魏博使者在庭中观看壮士搏斗，自己摇晃肩膀高举双臂，离开座位去鼓劲助威。使者回去向田弘正报告说："郓州士卒连续征战，已经极为疲劳，刘悟应当抚恤阵亡遗属，救助困乏的家属，以安人心，怎么只顾眼前快活呢？我奉诏按察军情，观察他的动静，如此看来，足见其无能了。”田弘正听了，笑着说：“人无远虑，必有近忧。百废待兴，他却一味玩乐，会有何出息！我想他听到改任的命令，立刻就会出发的；不如此，他还能做什么呢？”二十二日，宪宗任命刘悟为义成节度使。刘悟听到制书下达，惊慌失措，第二天就抛下部属，起身上任去了。

朝廷任命淄青行营副使张暹为戎州刺史。二十五日，加封田弘正检校司徒、同平章事。田弘正想留在京师，皇上说：“魏人乐于接受爱卿的仁政措施，四周畏惧爱卿神威，你作为朕在河北的长城，哪能推辞呢？”田弘正遂返回魏州。此前，李师道失败前，曾听到风动鸟飞，都怀疑可能发生兵变，所以他禁止亲友宴饮聚会，不许百姓在道路上私语，若有违犯，惩罚十分严厉。田弘正进入郓州以后，废除了所有这些苛刻的禁令，任凭人们游乐，寒食、清明节这七天七夜不禁止行人往来。于是，万民称庆。

裴度把用兵讨伐蔡州、郓州以来，宪宗如何忧虑勤劳国事、运筹机务的情况和方略，写了出来，趁陪侍宪宗宴饮时献上，请宪宗盖印，交给史官。宪宗说：“这样做的话，好像是出于我的意思，这恐怕不是我所希望的。”对此，裴度在失望中又深感欣慰。

历经肃宗、代宗、德宗、顺宗、宪宗五朝的七路藩镇，至此全部平灭。“唐之威令，几于复振”，史称“中兴”。裴度也成为一代平乱统帅、中兴名相。

知难而进　难获完胜

长庆元年（821），王承元统领了成德军，想自请为帅。唐穆宗拒绝了王承元的请求，诏命让田弘正为节度使。原来，田弘正与成德镇州人两次交战，相互间多有杀害父兄之仇。赴任时，他带了两千魏州勇士以自卫，防备不测。可是，朝廷不供应这两千人的粮饷。朝臣有人劝谏，认为此项任命不当，但穆宗一意孤行，说："这是以毒攻毒。"田弘正四次上表推辞，均无回音。他百般无奈，只好赴任。到镇后，他请求留下魏兵卫队，度支使却让崔俊劝止此事。田弘正只好于七月初遣回了魏州兵卒。穆宗下诏，赐成德军资上百万缗。不料，军资没能及时运到，军兵们都以为是田弘正克扣了粮饷，群情愤慨。成德都知兵马使王廷凑趁机利用兵卒们对田弘正的怨气，发动了幽州变乱。朝廷出兵征讨，掌权的宦官推荐杜叔良为深州各道行营节度使，任命牛元翼为成德军节度使。

七月十四日，急于求胜的穆宗派裴度统兵西出娘子关，从承天军旧关出发去讨伐王廷凑。裴度两子均自请随军从征，效力军前。裴度临于贼境，屠城斩将，屡以捷闻。中使慰问，每月数次。

幽州朱克融为策应成德叛军，派兵侵犯蔚州。十五日，王廷凑也以攻为守，派兵侵犯贝州。十六日，易州刺史柳公济在白石岭打败朱克融，杀敌一千多。十七日，横海节度使乌重胤上奏在饶阳打败成德乱军。十八日，魏博节度使田布率军三万讨伐王廷凑，屯兵在南宫的南边，并攻占了敌军两个营栅。

十一月初一，裴度与王廷凑战于会星，大捷。十二月，裴度率军推进到贵泉。然而，杜叔良却在博野大败，官军折损七千人。杜叔良只身逃回，还丢失了朝廷赐的旌节。十二月，朝廷只好以李光颜代替了杜叔良。

长庆二年（822）春正月初五，幽州叛军攻陷弓高。裴度率太原全军从西面迫近镇州敌境，相机进击。白居易上奏说：

> 兵多则难用，将众则不一。宜诏魏博、泽潞、镇定、沧海四节度，令各守其境，以省度支赀饷。每道各出锐兵三千，使李光颜为将。光颜故有凤翔、徐、滑、河阳、陈许军，无虑四方，可径薄贼，打开弓高粮路，会合下博军，以解深州之围，与牛元翼会合。令裴度乘隙夹攻之。且光颜名将，有威名；度为人忠勇，可当一面。各路兵马如齐心协力夹攻，分散逆贼兵力，再招抚晓谕，以动摇敌人军心，没等官军去消灭，敌人内部就可能发生变故。贼人一旦穷途末路，便允许他们投降。

疏文呈上，穆宗并未省察，反而贬白居易为杭州刺史。李光颜却依计而行，率三四万人打通了弓高粮道，会合下博牛元翼，解除了深州、邢州的重围。

田布率领魏州兵讨伐镇州，驻在南宫，迟迟不进。穆宗屡次派遣中使去督战，而将士们骄傲怠惰，斗志不坚。加上天又连下大雪，粮草不能按时运到。田布拿出六州的租税来供给军需，仅能半饱，这让将士们很不高兴。军中传出怨言："以前用兵均是朝廷供应。现在虽说田尚书甘心瘦己肥国，哪能供得起三军。让当兵的挨饿受冻，我等有什么罪！"史宪诚趁机煽动，说田布想克扣自肥。此时，朝廷命令督促田布与李光颜去解深州之围。初八刚一交战，田布的军队就溃败了，大多数归附了史宪诚。初十，田布狼狈逃回魏州。十一日，田布召集众将商议出兵之事，众将更加傲慢不恭，说：“尚书如能按照河朔历年规矩行事的话，我们就是死，也要为你尽力。如像现在这样，还让我们去打仗，那不行。”田布拿他们没法，叹息说：“成功无望了！”当天，他给朝廷写了遗表：“臣观众将心思，终将辜负国恩。臣既然不能有功于国，怎敢忘了以死殉职。希望陛下赶快援救李光颜和牛元翼，不然的话，这些忠臣义士都会被河朔贼人杀光！”写完，田布绝望得泪流满面，他不愿看到部队背叛朝廷。他跪拜着交给幕僚李石，让他务必快送朝廷。接着，他进入父亲的灵堂，抽出刀来说：“我用死来向君父谢罪，对下向三军表明心迹。”说着，他一刀刺入心脏而死。史宪诚听说田布已死，便宣告遵照河北旧规行事。于是，众人簇拥着史宪诚返回魏州，尊奉他为留后。十六日，魏州上奏田布自杀。十七日，朝廷无奈之下任命史宪诚为魏博节度使。史宪诚阴谋得逞，很是高兴。他阴奉阳违，表面上尊奉朝廷，内心却与幽州、镇州沆瀣一气。

王廷凑把牛元翼困在深州，唐军虽从三面去救援，但因为缺粮，难有进展。即使是名将李光颜，也只能闭营自守。军士们自己砍柴割草，每天的供给不过陈米一勺。深州被围困的情况更加紧急，朝廷无计可施。

穆宗刚即位的时候，两河地区大略平定了。崔植、杜元颖、王播都是庸才宰相，没有深谋远略，萧俛、段文昌认为“天下已经太平，应该逐渐削减军队，让天下各地的军镇有兵的地方，允许每年每一百人中八个人逃走或者死亡，而除去其军籍。”正沉迷于宴乐的穆宗，批准了他的奏表。由此，军士除去军籍的很多，无以为业，都聚集山林沦为强盗。

等到朱克融、王廷凑作乱，一声招呼，把那些逃亡的士卒都集拢起来。穆宗下令征调各道的军队，但各道军兵数量既少，又都是临时招募的乌合之众。中使监军以勇士来自保，而派瘦弱的去打仗，所以每仗皆败。一举一动，都听命于宫中遥控；而且朝令夕改，让人无所适从；而朝廷不管政令能否实行，只是一味督促速战。虽用兵十几万，虽然有裴度等元老重臣，虽然乌重胤、李光颜都是当时名将，讨伐幽镇数万叛军，时过一年却无寸功；虚费军资，仅供魏博一军，月计钱二十八万缗，最终弄得财竭力尽。

史宪诚逼死了田布之后，朝廷无力讨伐，反而赦免了王廷凑，还给史宪诚、朱克融和王廷凑授了旌节斧钺。朝廷的懦弱妥协，使河北之战以朝廷的彻底失败而告终。讨河朔的决策自然是正确的，但河北形势的复杂，朝中奸臣的掣肘，终于使裴度无功而返。由此可见，裴度所言“前线欲决胜，必先肃清朝廷”之论，是何等的深刻。

第二节　惩贪锄奸　整饬肃风

《周礼注疏（三）》有为官六计：“廉善、廉能、廉洁、廉法、廉辩”。在六方面，裴度都堪称亘古典范。

力保廉宦　惩治小使

唐都长安宫苑，除梨园歌坊以外，还有一套专司皇帝斗鸡走马玩乐的去处——五坊。五坊隶属宣徽院（宣徽院分为南、北二院，以宦官充宣徽使与副使，总领宫内诸司及三班内侍的名籍和郊祀、朝会、宴飨、供帐等事宜），每坊有小儿五百余人，总计不下两千五百人，负责为皇帝驯养雕、鹘、鹞、鹰、狗等宠物。在为皇帝办差的过程中，这帮宦官和差役也沾了皇帝宠物的光。他们常常大摇大摆地到京城附近借机搜刮敲诈，被人们称为“五坊小儿”。每年秋天，小使常常到京郊训练鹰犬。而所到之处，各级官吏必热情迎候，盛宴款待，还得送一份厚礼。这些“五坊小儿”横行霸道，或是在百姓门口张网捕鸟，不准人出入惊扰；

或是把网张在井台上，不让人靠近打水。百姓们畏之如虎，但又避之不及。稍不如意，他们就装腔作势地说："你惊吓了我供养的鸟雀，该当何罪！"他们常常聚集在酒店里大吃二喝，店主从来不敢要钱。离开时，他们还会留下一筐子蛇，命令主人说："我用这些蛇来供养皇上的鸟雀，你可要好好地饲养它，不要让它饥渴。"主人惹不起，又是赔不是，又是给他们行贿，百般恳求，他们才肯带走。小使们的扰民之举，致使民怨沸腾。元和初年以来，朝廷虽屡加整治，但已相沿成习，收效甚微。

一次，五坊小使窜到下邽县。县令裴寰是个有才干的官吏，他生性刚正，除安排小使们在公馆住了一宿之外，全无曲意供奉。小使怒气冲天，悻悻而去。回到朝廷，小使诬陷裴寰口出狂言，轻慢朝廷。这些话传到宪宗耳朵里，宪宗震怒。他命令把裴寰抓来下狱，并要定他"大不敬"之罪，依律重处。宰相武元衡等人苦苦劝谏，宪宗还是恼怒不已。一天，裴度延英殿上替裴寰辩护，宪宗很是生气。他气呼呼地说："像爱卿所说，裴寰没有罪，就应该处决五坊小使；如果小使没有罪，就该处决裴寰。"裴度答道："按律，确实像皇上所言。但是，裴寰作为陛下的臣僚，治下百姓的父母官，他如此爱惜陛下的百姓，怎么可以加此重罪呢？"听了这话，宪宗怒色全消。第二天，宪宗命令释放裴寰，并让他官复原职。京城百姓听说此事后，欢呼雀跃，下邽百姓更是出城三十里，夹道欢迎这位刚正的县令。

主持公道　制约势要

元和十三年（818），商人张陟因无力偿还五坊使杨朝汶高利贷的利息，逃跑了。杨朝汶仗着皇帝的威势，查抄张家时，发现了西川节度使"卢坦"的欠条。于是，杨朝汶抓了卢坦的家人。其实，那个欠条是郑滑节度使卢群所写，并非卢坦，显然是张冠李戴了。卢坦虽然与杨朝汶所指的债务无关，但慑于五坊使的威势，也不敢申诉，只得私下筹钱结清了这笔"债务"。真相大白之后，卢坦之子要求杨朝汶退还其钱物，杨朝汶却说："事情固然是弄错了，但你交来的钱已入了宫中的账了，怎能再拿出来。"

此外，杨朝汶滥捕民人，逼以拷捶，责令追缴利息钱。众百姓受刑不过，就辗转互相牵扯，牵连在案的多达上千人，搞得民怨沸腾。御史中丞萧俛上疏劾奏此事。裴度、崔群趁在延英殿应对时，也尽力论说此事。宪宗顾左右而言其他："朕正和众爱卿讨论用兵之事，此等小事，朕自会处理。"裴度上奏说："用兵小事也，只忧山东；五坊使暴横，恐乱辇毂。"宪宗听了，很不高兴。过了许久，宪宗才醒悟过来，招来杨朝汶数落道："因为你以前的事让我羞于面对宰相。"冬十月，宪宗赐杨朝汶自尽，并全数释放了此前因欠系押者。这下，京城内外，民心大快。

朝命将帅　杜绝卖官

大历（766—779）年以来，节度使一职从未由中书门下决定，而是多出自禁军，且均系权宦中尉纳贿而授。资历高的禁军大将，为了出任节度使，都以高于市价两倍的利息，向富室贷钱以贿赂中尉方可得到任命。所费之资动逾亿万。到了镇所，他们自然是想方设法盘剥百姓，以偿还所负债务。

贿赂公行，众朝臣对这种买官卖官的丑行深恶痛绝。太和元年（827），忠武节度使王沛病死于任所。按照惯例，裴度、韦处厚马上安排选拔人才以接任其职。高瑀清廉，属下送礼他一文钱也不收，杜绝了某些人的跑官之路。裴度、韦处厚看中高瑀的德行，便举荐他继任忠武节度使。四月，朝廷决定以太仆卿高瑀出任忠武节度使。此项任命打破了官由贿得的歪风。朝廷内外互相祝贺道，“自今以后，债帅少矣。”

题壁正风　崇俭惩贪

元和七年（812），魏博节度使田季安去世，其党羽故伎重演，拥立其年仅十一岁的幼子田怀谏担任留后，擅领军务。宪宗无法容忍这一恶例再现，宰相李吉甫也力主讨伐，但李绛却不主张立即用兵，还为宪宗做了一番鞭辟入里的分析。他说：

河北诸藩使，担心部将权力过重对自己不利，便将兵众分别拨属于各将，分而统之，使他们彼此势均力敌，以互相牵制，难以自专。到主帅威严明强时，才能掌控各位悍将。而今，田怀谏尚属孩童，必须倚重委任一位部将代理军务。这样一来，本来平起平坐的诸将，就会厚薄不均，难免纷争。以往的分兵之策，恰成今日祸乱根苗。我推测，无须官军出兵，怀谏必然会被不满的部将所杀。这样，朝廷便可不动一兵一卒，不用一刀一枪，不战而屈人之兵。而杀田氏自代者，必然也不为内外众将所容，一定会被其他部将或邻道节度使所灭。因为邻镇也怕同样的悲剧也降临到他们自己头上。因此，朝廷不必急于出兵，只需加紧演练兵马，静观其变，相机而动。如有魏博部将前来归顺效命，朝廷应不吝爵赏，厚加礼遇，以感召其余。只待一二人来归顺，其他人就会惴惴不安，驯顺恭谨地听命于朝廷了。

宪宗听了，表示赞同。于是，朝廷对田怀谏的请求置之不理，坐待其变。事态果然如李绛所预料的那样，部将田兴举兵擒获田怀谏，举魏博属地与兵马，归顺了朝廷。田兴请求奉守国法，由朝廷任命官吏，向朝廷交纳法定的赋税。于是，宪宗派裴度出使魏州宣旨晓谕。

田兴之前的官员奢侈浮华不守礼法，享用的车马衣服及住房，超过了朝廷的规制；处理政事的厅堂，尤其宏伟宽敞。田兴厌恶这些，不在那里处理政事，而是整修过去采访使的厅堂居住。裴度在墙壁上题写壁记，记述田兴谦逊自抑，奉公守法，魏州的百姓十分感激他。田兴又请裴度走遍所辖州郡，传达皇帝的旨意，魏州百姓出郊迎接，心悦诚服。

其他藩镇看到阵线被撕裂，都千方百计阻止魏博归顺，但田兴矢志不渝。这当然与裴度的妥善处理是分不开的。终田兴之世，魏博镇一直是朝廷在河北所倚重的唯一军事力量。

淮西平定之后，宪宗逐渐骄奢起来，总想时常得到群臣的进贡奉献。在淮西用兵时，这类“进奉”叫“助军”，平乱后叫“贺礼”。宣武节度使韩弘入朝，一次就献了三千匹马、杂缯三万匹、绢五千匹、金银器数千件。他见宪宗十分高兴，接着又向宪宗献绢二十五万匹、絁三万匹、银器二百七十件。此后，四方竞相贡献。这些虽都是封疆大吏受贿所得，但宪宗只看到臣子的“孝”心，还奖誉有加。户部侍郎、判度支皇甫镈和卫尉卿、盐铁转运使程异深知宪宗的心意，也争先恐后地屡次进贡“羡

裴晋公祠

余”，以供宪宗挥霍。宪宗也乐得接收，来者不拒，且胃口越来越大，真可谓欲壑难填。如此做法，使得行贿受贿的腐败之风愈刮愈烈。皇甫镈得宠后，又用大量的贿赂结交吐突承璀。九月二十三日，户部侍郎判度支皇甫镈、工部侍郎盐运使程异终于得以升为宰相，而其他兼职照旧不变。制书颁下，朝野一片哗然，连市井商贩和路人都讥笑此事。

为了献媚自固，皇甫镈建议减损内外官员俸禄，以节余的俸钱来补贴国用。给事中崔植坚决反对这一做法，并退还奏章进行驳议，才中止了这一荒唐做法。宪宗拿出内库盈余，下诏让度支评定价值，由皇甫镈高价售给边防士兵。那些所谓的盈余不过是些陈布旧衣罢了。士兵十分怨怒，聚众而焚之。裴度把此事奏闻宪宗，皇甫镈却指着脚上穿的靴子说：“此靴也是内府之物，牢韧可穿。他们说的全是假话。”宪宗信以为真。裴度、崔群极力陈述，宪宗就是听不进去。皇甫镈衔恨裴度，就与李逢吉、令狐楚合谋，把裴度排挤出京，让其镇守太原。

朋党夹缝　左冲右突

唐代的朋党之争，史称牛李党争，牛即牛僧孺，李即李德裕。一般认为，唐代党争肇始于宪宗时期。举人牛僧孺、李宗闵在制举中批评了朝政。考官认为两个人符合选拔的条件，便把他们推荐给唐宪宗。而当朝宰相李吉甫（李德裕的父亲）见牛僧孺、李宗闵指斥自己，于己十分不利。于是，李吉甫在宪宗面前说，这两个人（牛僧孺、李宗闵）与考官有私人关系。宪宗信以为真，就把几个考官降了职，牛僧孺和李宗闵因此没有受到重用。这件事引起朝野哗然，争为牛僧孺等人鸣冤叫屈，谴责李吉甫嫉贤妒能。迫于压力，唐宪宗只好于同年将李吉甫贬为淮南节度使，另任命宰相。由此，朝臣之中化成两个对立派。之后，党争又历穆宗、敬宗、文宗、武宗四朝，至宣宗时才告结束，长达四十余年。宪宗时，党争开始萌芽，但未成燎原之势，并且党争的内容也都是与国家大政方针有关，基本上不影响政局的稳定。可是自长庆贡举案以后，党争进入一种纯粹意义的争权夺利的斗争。

宪宗虽是一代英主，但对于朋党却是极其敏感的。征讨淮西的时候，宰相韦贯之对于淮蔡、成德两线同时作战的做法持有异议，认为应当集中兵力攻取淮西，而暂缓成德用兵。曾经被韦贯之压制过的宪宗宠臣张宿向宪宗诬告韦贯之有朋党，宪宗信以为真，罢韦贯之相位。后来宪宗欲用皇甫镈为相，裴度上疏极言不可，但宪宗看了裴度的奏疏以后，“以为朋党，竟不省览”。淮西之战后，宪宗怀疑裴度私结朋党，他曾对裴度说：“人臣当力为善，何乃好立朋党？”裴度回答：“方以类聚，物以群分。君子、小人志趣同者，势必相合。君子为徒，谓之同德；小人为徒，谓之朋党；外虽相似，内实悬殊，在圣主辩其所为邪正耳。”意思是：“常理是持相同见解的人以类相聚，而各类事物也是以不同类相区分。君子与小人各有志趣，从情理上说就一定会依共同的志趣而投合。君子们成为一类，叫作同德；小人们成为一群，叫作朋党。表面上虽然相似，内涵实在相差甚远。这就在于圣明的君主能慧眼明辨，这些人的所作所为到底谁是邪恶、谁是忠正的了。”不过，后来的事实却证明，韦贯之、裴度不是朋党。至于真正的朋党，宪宗却没有遏制住。

宪宗、穆宗、敬宗、文宗统治时期，正是朋党形成且斗争剧烈的时期，身为宰相的裴度在朋党的夹缝中左冲右突，依靠的是他中庸持正，是“以身系国之安危”，凭借的是他一身的正气。裴度与李吉甫、李德裕、牛僧孺、李宗闵等既无门生之间的关系，又无同年之份，裴度的仕途与朋党毫无瓜葛。

关于藩镇问题的解决，裴度一直坚持平藩，并身体力行。而宪宗一朝，朋党之争也正是主要表现在对待藩镇的态度上。李吉甫、李德裕、李绅、韦处厚等李党在对待藩镇的问题上，都主张采取强硬的态度，想以此提高唐中央政府的权威，重振大唐国威。而李逢吉、牛僧孺则完全相反，“李逢吉不欲讨蔡”，“兢言师老财竭，意欲罢兵”；牛僧孺对范阳兵变的态度是“范阳得失，不系国家休戚”，“不足以逆顺治之”。史载：“元和初，用兵伐叛，始于杜黄裳诛蜀。吉甫经画，欲定两河，方欲出师而卒。继之元衡、裴度。而韦贯之、李逢吉从中沮议，深以用兵为非。而韦、李相次罢相，故逢吉常怒吉甫、裴度。而德裕丁元和时，久之不调，而逢吉、僧孺、宗闵以私怨恒排摈之。”

正是由于裴度在藩镇问题上与李党观点相同，与牛党观点对立，从而遭到牛党的排挤。而牛党怨愤裴度始于元和十二年，主要原因是“宪宗以兵机委裴度，逢吉虑其成功，由是相恶”。

李逢吉进士出身，德宗时，凭借范希朝的推荐，当了左拾遗。元和年间，他升任给事中、皇太子侍读。借着侍读，李逢吉暗中与皇上身边的亲信勾结，不久又升任中书舍人、知礼部贡举，进拜门下侍郎、同中书门下平章事。李逢吉诡计多端，且生性忌妒，尤其不容别人超过自己。任宰相后，他更是按自己的好恶行事。讨伐淮西，李逢吉怕裴度立功，数次阴谋破坏阻挠，促使主和派上疏遣回各地派来的军队。宪宗知道李逢吉阻碍平藩，便让其出为剑南东川节度使。由此，李逢吉对裴度恨之入骨。穆宗即位后，李逢吉被调往山南东道；长庆二年（822），李逢吉入为兵部侍郎。当时，朝廷由裴度和元稹执政。裴度曾上奏说元稹谄媚奸邪，李逢吉认为他们的矛盾可以利用，就开始中伤二人。他派人告发说：和王傅于方结交侠客，想替元稹刺杀裴度。皇帝令尚书左仆射韩皋、给事中郑覃和李逢吉共同审讯于方，认为他行为不端。元稹、裴度因此都被罢免。李逢吉取代裴度担任门下侍郎、同中书门下平章事。同时，他又用恩惠和官爵收买品行不端的大臣轮番攻击裴度。当时，李绅、韦处厚等人向穆宗指出裴度受李逢吉排挤，裴度才得以暂时留在朝中。可当时河朔已丢，藩镇反叛，国家威望扫地，所有的人都希望任命裴度为宰相。朝廷重臣不断上奏要求，穆宗终不省悟，裴度还是被调出京城。

长庆元年（821）三月，举人杨浑之贿赂当朝宰相段文昌，以换取后者的推荐。贪婪的段文昌又是面托，又是私书，向主持春闱考试的礼部侍郎钱徽极力保荐杨浑之。可杨浑之还是落第了。恼羞成怒的段文昌向皇帝弹劾钱徽取士不公，翰林学士李绅、元稹支持段文昌的说法。于是举行了复试。复试的结果很糟糕，“孔温业、赵存乐、窦洵直所试初通，可与及第；裴譔特赐及第，废黜原先录取的郑朗等九人的进士资格。”儿子特赐及第，等于说特别开恩，照顾其及第。裴度心中很不是滋味。他对儿子说：“不是你才学不济，考得不好，而是老父官场积年树敌，连累了你呀！”裴度对儿子们说：“裴氏为子之道，备存乎家牒；为臣之道，备存乎国史。”同时训导儿子们：“凡吾辈但可‘文种无绝’，见贤思齐，蔚然家风。然其间有成功能政，身为万乘之相，则天也。”

长庆二年（822）九月，奸诈的李逢吉登上了宰相宝座，成为牛氏朋党又一魁首。他勾结大宦官知枢密使王守澄，彼此互为表里，权倾朝野，封官许愿，唆使奸人诋毁裴度。李逢吉的党羽有张又新、李续、张权舆、刘栖楚、李楚、李虞、程昔范、姜洽和李训八个人，巴结他们的又有八个人，都窃任重要职务，因此号称“八关十六子”。官员但凡有事求情，先要买通这些人，再转告李逢吉，没有不见效的。宝历二年（826）春，正月二十四日，裴度从兴元入京朝见敬宗，朝命其守司空、同平章事。李逢吉如临大敌，千方百计排挤裴度。

裴度回京不久，民间就流传起关于裴度的谶语歌谣。这首歌谣说：“非衣小儿坦其腹，天上有口被驱逐。”这是个字谜歌谣，“非衣”即是裴字的字解，代指裴度；“天上有口”即吴字，代指吴元济。原来的意思是：裴度驱逐了蔡州吴元济。后来，经过一帮奸臣的歪曲，意思就渐渐走了样，变成了：裴度一张嘴凌驾于皇帝之上。这样的“太上皇”应该被驱逐出朝廷。事也凑巧，刚好长安城东西两边各横亘着三条对称的高冈，仿佛乾卦的六爻。按《周易》的象征法，乾卦象征国都、天子。古人又以九五之位，也就是乾卦的第五阳爻代指皇帝。而裴度的宅第刚好位于这第五条高冈上，对应了九五天子之位。于是，一帮奸谮越说越有样，搞得不少大臣都暗中议论此事，仿佛裴度真的在觊觎皇权。不久，一个接一个的谣言传入皇帝耳中，皇上也疑惑起来。但是，正直的大臣纷纷上言说裴度是无辜的，不应当被罢免。众口成城，反而使李逢吉等人的阴谋败露。六月十三日，穆宗削去元稹的长春宫使一职，许多朝臣仍认为，如此处置对元稹责罚得太轻，而皇上没有重罚的意思。不过，他也没有再处置裴度。穆宗虽然年轻，但是完全明白这是在诬陷诽谤，于是对裴度更加亲厚信重。

牛元翼原为河北藩镇王承宗的旧部，后出任深州刺史。穆宗即位后，魏州军将反叛，穆宗任命牛元翼为成德军节度使，让他率兵马去攻打王廷凑。后来，王廷凑归顺了朝廷，牛元翼遂调往襄阳任节度使，但其家属一直还留在河北。牛元翼几次欲接出眷属，都因王廷凑从中阻挠，未能成行。牛元翼的死讯传来，王廷凑就将牛氏百余口全部杀死。此时，穆宗已死，十六岁的敬宗刚即位，对此更是无可奈何。

牛元翼被杀后，朝野汹汹，指责宰相无能，舆论对李逢吉十分不利。朝臣纷纷请求重新启用裴度。韦处厚先后上了《论摈弃裴度疏》《论裴度不宜摈弃疏》，认为任用裴度，“以一人可止百万之师，以一贤能制千里之难”。为了阻挠裴度再度入朝为相，李逢吉采取挖墙角的方法，设法打击裴度所信重的人。

陈留人武昭性情果敢而善辩，裴度征讨淮西时，曾令他去蔡州说服吴元济。吴元济让人将兵刃架在他脖子上相威胁，他神色自若，吴元济只好以礼相待并将之送回。裴度以为此人可以大用，辟为属下军职，随己出镇太原，授职石州刺史；等届满罢郡，又除袁王府长史。武昭官居散位，心情抑郁，难免有怨恨李逢吉的话。武昭与太学博士李涉、金吾兵曹参军茅汇留居长安，以豪侠相互推许。李逢吉与李程共同执政，关系不睦。李程的族叔就装作十分关切地对武昭说：“丞相想用你，而李逢吉坚决不同意。”武昭更加气愤，在酒馆醉酒后，告诉他的朋友刘审，说他想要谋刺李逢吉。刘审私下向张权舆告密。于是，李逢吉通过茅汇召见武昭，待他很厚，倾心结交，怨怼和隔阂才得以解除。等到裴度将要回朝，逢吉又让奸党卫尉卿刘遵古告发武昭的事。因此，武昭、茅汇都被下狱，朝廷命令御史中丞王播审理。李训暗中指使茅汇诬陷武昭与李程同谋，不然就只有一死。茅汇不答应，说：“通过诬告别人来解脱自己，我不干！”但铁案已定，武昭被活活打死，茅汇流放崖州，又谪遣康州，李训也流放象州。而刘审因功被提拔为长寿主簿。武昭死后，朝野无不愤怒，舆论哗然，使李逢吉的阴谋昭然若揭。天子心中也渐渐明白过来。奸臣当朝，岂能不乱！于是，皇上常派中使路过兴元，每每向裴度传达密旨，进行抚慰，约定不久将征其还朝。李逢吉想借武昭案打击裴度，阻止其入朝的阴谋才没能得逞，皇上渐渐疏远了李逢吉，以之为检校司空、平章事、山南东道节度使。李逢吉表请李续为副，张又新为行军司马。不久，李逢吉又改任检校司徒。李逢吉窝藏犯罪的党羽田伾被搜捕出来，下诏褫夺了其一季俸禄，同时贬李续为洛州刺史，又新为汀州刺史。过了很久，李逢吉调往宣武军，又以太子少师出任东都留守。

裴度一还朝，京城一应故交阔别已久，都来为他道贺接风，车马盈门，裴度设宴款待。席间，京兆尹刘栖楚附在裴度耳边低声细语。刘栖楚本为李逢吉手下干将，背后没少干诬陷裴度的事，竟然也来逢场作戏套近乎。众人很看不惯他，无不嗤之以鼻。侍御史崔咸举杯过来要罚裴度，厉声说：“丞相不应在公开场合与官员耳语。”裴度很豁达地笑着饮了酒。这一受罚干杯，无疑打了想干一仆二主勾当的刘栖楚一记耳光。刘栖楚顿时面红耳赤，灰溜溜地跑了。

从史料上看，只有牛党如何排挤裴度的记载，却无裴度如何反击的记载；同时，也无史料表明李党对裴度有特殊照顾之处。相反，许多事例表明了裴度的公正和“以身系国之安危”的举足轻重。

宝历二年（826）二月，敬宗欲幸东都，李逢吉极力劝谏敬宗不要兴师动众幸东都，浪费钱财，致“人心动摇”，但敬宗不听。对于敬宗巡幸东都之事，裴度并没有反对李逢吉等的意见，反而支持李逢吉，并委婉地劝止了敬宗东幸之行。

又如，唐文宗太和三年（829），面对宦官的专权以及吏治的无能，文宗决计招贤纳士，任命忠正干臣。八月，经裴度建议，文宗征召浙西观察使李德裕入朝，出任兵部侍郎。文宗正准备拜之为宰相，偏偏与李德裕素有矛盾的吏部侍郎李宗闵从中阻挠。裴度认为李德裕“材堪为宰相”，极力推荐他。但李宗闵却“恨度援德裕”，把裴度列为自己的头号政敌，屡屡加以排挤打击。而在之前平淮西的时候，裴度也曾推荐李宗闵为彰义军观察判官。正是裴度的这次举荐，李宗闵才会“自后名位日进”。此时，权宦王守澄等力荐李宗闵为相。因害怕权宦逼宫，八月二十七日，文宗不得已擢李宗闵为宰相。

第三节　礼贤下士　任人唯贤

《尚书》早就提出了“官德唯新”的原则。选贤授能，先看德才。而宰相治国，重在用人。相国须以自己的正确方略、人格魅力，凝聚方方面面的人才。但人无完人，各有其长短，唯有用其所长，才能人尽其才。

爱才任能　起用贤德

永贞革新的许多主张，均是利国利民之计，可惜功败垂成。革新派纷纷被贬，柳宗元被贬永州司马，刘禹锡被贬郎州司马。时任起居舍人的裴度为柳宗元、刘禹锡等一代英才被贬深感惋惜。元和三年（808），他建议重新起用永贞革新中被贬的才子，但事未奏效。

元和十年（815）春，朝中有人提起当年的王叔文等一干人，说他们已被冷落了十年，其中很多人学富五车，应该适时予以录用，才不致浪费人才。谏官们纷纷反对，唐宪宗和武元衡对他们仍余怒未消。裴度与柳宗元、刘禹锡素来友好，他不顾众人反对，屡次上言重新启用刘、柳等才士。冬末，经过裴度争取，刘禹锡由安徽和州刺史调为东都尚书省主客郎中。官员由边远州郡调至近处称量移。不过，这种宽宥必须在特赦或政治气候发生变化时才有可能。正当刘禹锡准备一展宏图之时，却因赋诗《戏赠看花诸君子》语涉讥刺，触怒了权贵，再贬远州。三月十四日，他们都被派到边远地区任州刺史，柳宗元任柳州刺史，刘禹锡任更为遥元的播州刺史；明里看是提升了官职，暗中却是行疏远之实。柳宗元知情后，就对人说："播州不是人待的地方，而刘梦得（刘禹锡，字梦得）尚有老母在堂，万万没有母子一同前往的道理。"他表示要向朝廷请命，愿意与刘禹锡互换官职，代之前往。裴度被柳宗元替友赴难的举动所打动，就对皇帝说："刘禹锡固然有罪，然而他的母亲年事已高，此去恐成死别，实在让人伤心。"宪宗说："当儿子的尤应谨慎，不要让父母忧心，这正是应该重责刘禹锡的原因所在。"裴度又说："陛下正在侍奉太后，将心比心，刘禹锡应在怜悯之列。"宪宗想了好一会儿，才说："朕所说的，只是为了责备为人子的过错，并不想伤他老母亲的心。"裴度一番机辩，终于使皇帝改变了主意。宪宗望着裴度远去的身影，对左右说："他这般体谅孝子之心，就知他爱我始终都很深切呀。"第二天，刘禹锡改任较近的连州刺史。

元和十四年（819），裴度正准备再度争取启用柳宗元，柳宗元却突然病逝于柳州。当初，柳宗元谪居湖南永州，吴武陵也受其连累，流放永州，宗元很赏识他的才德。在柳宗元为柳州刺史时，武陵已北还，且深受裴度器重。柳宗元没有儿子，吴武陵便劝裴度说："西南叛贼未平，柳州与贼境犬牙交错，应该以军将代替柳宗元，使他早日得归。古人说一代为三十年，柳宗元已经被贬斥十五年了，并年届五十，快半辈子了。哪有圣人在上，一辈子都怨恨臣子的呢？如果他再不回来，恐怕柳氏就绝后了。”裴度正在思谋如何将柳宗元调回京城，而柳宗元竟英年早逝了。消息传来，裴度不胜悲悯。

白居易因越职言事、韩愈因谏迎佛骨，均遭贬斥。时为宰相的裴度并不因他们遭贬而有所避忌，仍去为他们饯行送别，勉其珍重。元和十五年（820），白居易由忠州刺史奉调回京，任司门员外郎。可惜，短暂相聚不久，白居易又由主客郎中进为知制诰。

长庆四年（824）五月，杭州刺史白居易任满回到洛阳。宝历元年（825）三月四日，敬宗又下旨改任白居易为苏州刺史。三月二十九日，白居易由洛阳出发，五月五日到达苏州。而刘禹锡自顺宗永贞元年（805）被贬朗州（湖南常德）司马起，至敬宗宝历二年（826）这二十年间，一直滞留在巴蜀一带的连州、和州、夔州等地。他与白居易曾相逢于扬州，结伴北归洛阳。当时他写了《酬乐天扬州初逢》“巴山楚水凄凉地，二十三年弃置身。怀旧空吟闻笛赋，到乡翻似烂柯人。沉舟侧畔千帆过，病树前头万木春。今日听君歌一曲，暂凭杯酒长精神。”白居易则写了《醉赠刘二十八使君》：“为我引杯添酒饮，与君把箸击盘歌。诗称国手徒为尔，命压人头可奈何。举眼风光长寂寞，满朝官职独蹉跎。亦知合被才名折，二十三年折太多。”这些诗抒发了诗人们怀才不遇的愤懑。直到晚年，刘禹锡才在裴度任东都留守期间，得以回到东都洛阳，任太子宾客。而外任多年的白居易也得以改任太子太傅，重返洛阳。裴度与白居易、韩愈、刘禹锡、柳宗元等才子结下了终生的友谊，其爱才惜才之心天地可鉴。

再看一件裴度资助文士的事。皇甫湜分务洛阳时，正值洛阳缺粮。

他以正郎滞曹多年，俸禄甚微，生活拮据。有人向裴度提及皇甫湜的困顿，裴度便把他辟为留守府从事，经常关照优待他。裴度征讨淮西之日，朝廷恩赐巨万，贮在集贤里私第。裴公奉佛，曾施修东都福先寺。寺庙建成，裴度拟请白居易撰写碑文。皇甫湜闻讯，就对友人说："近舍湜而远征白，想必是获罪门下呀！"此话很快传到了裴度的耳中。裴度赶紧召来皇甫湜，对他说："当初未敢以此事仰烦先生，完全是担心被大手笔所拒。先生既然有意，这也正合我意呀。"于是，皇甫湜讨了一壶酒吃，就回去了。回家后，他又痛饮了一斗，趁醉挥毫，奋笔疾书，顷刻完成。次日，奉文来呈，令公看了，觉得文思高古，字又怪僻，不由叹道："真乃木玄虚、郭景纯、江淹之流也！"遂命小校带着致谢书信，用车马载着约价值千余缗的缯綵器玩去酬谢。不料皇甫湜见只有几车缯帛，突然把来函摔在地下，当面斥责差官说："寄谢裴侍中，何相待之薄也！湜之文，非常流之文也。除曾给《顾况集》为序外，未尝造次许人。请制此碑，盖受恩深厚耳！其词约三千余字，每字三匹绢，更减五分钱不得。"小校把他的话如实转告裴度，裴度笑着说："真是个不羁之才呀。"说完，他立即派遣院公按数给他。送绢的车辆，从午桥别墅到皇甫湜宅第，车马相连，引得洛阳士民站街围观。这正是：君子心头堪走马，宰相肚里能撑船，一字千金何足惜。

慧眼识人　用人不疑

裴度未显赫时，曾与友好们相约，日后发迹要相互提携。他做了宰相，虽布衣之交，未尝暂忘，但仅限于礼遇和资助，至于职官，却未肯轻易许人。大臣中有人说："某与一二人皆受知裴公。白衣时约定，他日显达，彼此引重。某仕宦所得已多，然晋公有异于初，不再以相互提携相许。"裴度闻言，笑曰："实负初心。"就问道："诸位曾见过灵芝、珊瑚吗？"答道："都是稀世之宝呀。"裴度又说："曾游历山水吗？"答："名山游过不少，唯有庐山瀑布状如天河，天下无二。"裴度曰："图书还可悦目，何况亲见？然而灵芝、珊瑚，作为宝贝是可以的，但要建大厦，就要杞、梓、樟、楠等木材；瀑布可以观赏，而无济于人事，若用来灌溉良田，推动水磨，功效就不如河水。某公德行器度文学，作为大臣仪表，望之可敬；然而长厚有余，心无极术，伤于畏怯，决割多疑。前代人民质朴，征赋未分，土地不过数千里，官吏不过一百员，内无权幸，外绝奸诈。画地为牢，人不敢逃：以赭染衣，人不敢犯。虽说列郡建国，侯伯分头治理：当时人国，不如今天一县，容易匡济。今天子设官一万八千，列郡三百五十多，四十六位连帅，八十万甲兵，礼乐文物，轩裳士流，盛过前古。材非王佐，安敢许人！"当时朝官结为朋党、相互援引的情况下，裴度能够坚持唯贤才是举，正是他的"清正"之处。

裴度讨伐淮西时，河南尹张正甫置宴于公府西厅。裴度曾向他荐举一人，可为乡试解元头名，因其词艺尤好，且愿从征淮西。张正甫曰："相公此行是何公干？为何还记得河南府解头？"裴中令说："老夫只是念他一片报国之心。"可见裴度即使在戎马倥偬之中，也无片刻暂忘荐举人才。

宝历二年（826）八月十一日，朝廷削去李同捷的官爵，命令各节度使讨伐他。进剿队伍中，魏博节度使史宪诚与李全略是儿女亲家，文宗担心他与李同捷串通。裴度很自信地说：“史宪诚不会那么做。”还用自己全族几百口人的性命为之担保。但事实上，史宪诚还是在暗中帮助了李同捷，给他们运送粮草。这天，史宪诚的亲信到中书省来问事，韦处厚态度凝重，口气严厉地对他说：“晋国公裴度在皇上面前用他全族几百口的性命为你的主子担保，我可不会那么做，只等着他做出什么事来，自有法令制裁他。”此后，史宪诚既不想辜负裴度的仗义，也不想代人受过，就不再与李同捷私下来往。在这件事上，裴度虽然没有认清史宪诚的本来面目，但是他的信任与宽宏却促使史宪诚反正。

出征淮蔡，裴度又奏请任用刑部侍郎马总为宣慰副使，右庶子韩愈为彰义行军司马，司勋员外郎李正封、都支员外郎冯宿、礼部员外郎李宗闵等为两使、判官、书记，均是朝廷第一流的人选，宪宗全部准允。

蔡州平定之后，裴度让蔡州降卒做自己府中的牙兵，有人劝谏说：“蔡州人反复无常，不能不防。”裴度笑着说：“我作彰义节度使，是为朝廷，也是为蔡人除害。现在，元凶已经捉住，蔡州民众就是朝廷的百姓，还要怀疑什么呢？”蔡人听到这些话，都感动得流下泪来。

裴度在淮西时，有位布衣之士柏耆曾向韩愈毛遂自荐说：“吴元济已经就擒，王承宗一定吓破了胆。我愿意奉丞相书札，前往说服他归顺。”韩愈因事关重大，便禀告了裴度，并称柏耆能言善辩，值得一试。裴度当即写下文书，命柏耆前往。王承宗本来就忧惧不安，经过柏耆劝说，急忙向朝廷投诚。他先求田弘正向朝廷传话，原意把两个儿子送到朝廷当人质，并献出德、棣二州，向朝廷交纳租税，并由朝廷任命属官。他多次上表，宪宗最终同意了。之后，王承宗的两个儿子王知感、王知信带着德、棣二州的地图、印信到达京师，其他一应交接逐一完成。

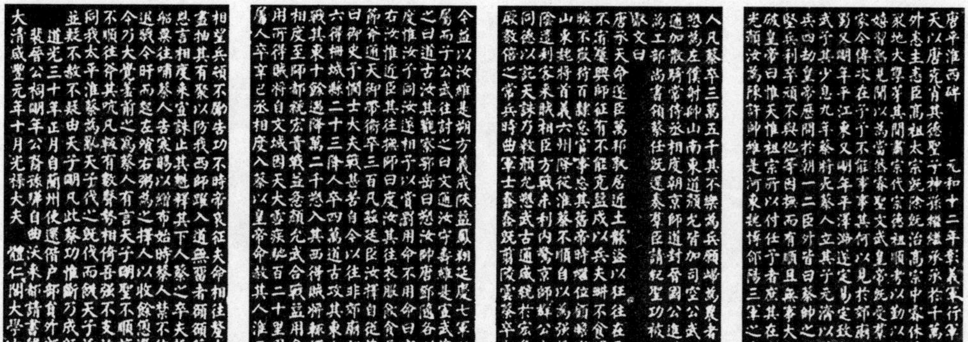

《唐平淮西碑》（四幅）

第四节 辅政调鼎 劝君戒奢

深谋远虑 立储辅君

长庆三年（823）冬十一月二十四日，穆宗与宦官在宫中打马球，有一个宦官从马上跌下来，穆宗因此惊吓过度，中了风，不能走路。从此，人们听不到穆宗起居的消息。宰相屡次请求谒见，却不见回音。裴度三次上疏，请立景王李湛为太子，并且请求进宫拜见。十二月初五日，穆宗在紫宸殿接见群臣，坐在大绳结成的床上，屏退了左右，只有宦官十多人侍候在身边。众人见了皇上，人心才稍稍安定。李逢吉向穆宗进言说："景王李湛已经长大，请皇上立其为太子。"穆宗不能发声说话，只是点点头而已。裴度请求迅速下达诏书，以副天下人心愿望。中书、门下两省也相继有朝官请求早立太子的。初七日，下诏立景王为皇太子。《册景王为皇太子文》曰：

维长庆二年，岁次壬寅，十二月丁亥朔，越二十日景（丙）午，皇帝若曰：於戏！唯辟奉天，必建储位，率命上嗣，以立人极，所以大一统而贞万邦也。粤我祖宗，乃圣乃神，继体垂休，奄宅四海。洎于寡昧，祗荷丕绪，夙夜兢励，深唯永图，用稽古命嗣，以承无疆之庆。咨尔元子景王湛，粹哲自天，温文在躬，夙成厚德，弗形幼志。爰谋表社，克彰孝恭，敏事居敬，日新其度。是用命尔为皇太子，尔其钦哉！主善勿懈，由礼勿违；勉以入德，勤以聚业；修志罔怠，自诚而明，则可以刑于邦家，封于上下，用光我烈祖之休命，可不慎欤！

国家后继有人，这是朝廷的大事。册封礼仪后，穆宗又发了一道《册立皇太子德音》：

朕上奉宗祧，下临邦国，承烈祖垂鸿之庆，当累圣奕叶之尊，祗膺宝图，敬守丕业。体明堂立象之重，表青宫建嗣之崇，元良以贞，国本斯固。

皇太子湛，恭孝温文，生知夙禀。日者，春闱尚旷，东序未兴，朕尝训以义方，举明严敬。匪资调护，已达《诗》《书》，克保承休，爰当主鬯。膺兹典礼，庆感良深，践位少阳，允孚明命，用宏惠泽，庶洽兆人。自长庆二年十二月二十日昧爽已前，天下应罪合死，除犯赃降从流，流罪已下递减一等。左降官及流人并与量移，亡殁者任归葬。文武常参官及诸州府长官子为父后者赐勋两转。缘册太子，摄太尉称贺，摄侍中承旨宣制，进中严外办，摄中书令读册授册，各赐爵一级；其行事职掌官及书宝宣册，舁举册宝礼仪使礼官等，三品已上，赐爵一级。四品已下，加一阶；撰册文官，特加一阶，仍并赐物有差；导引官各加一阶；镌造册文及礼生等，赐勋有差。文武常参及陪位官并宗子诸亲，赐勋一转。景王府官量与进秩。夫师贤友善，庶发清明，习近性迁，必资宏道，所以慎简师傅，用保贤良。其太子侍读，宜委中书门下精选二人，具名闻奏。

为表庆贺，朝廷又降恩诏，死罪以下罪减一等，又赐文武及州府长官子弟为父嗣子者勋封两转。这是古代帝王患病时常采取的仁政措施，以期惠及官民，感动上苍，保佑皇上尽快痊愈。不久，穆宗的病竟逐渐好转了。但是好景不长，长庆四年（824）春正月二十日，穆宗风疾复发，吃起方士所进的金石之药来。二十二日，病情却更为沉重，以至危在旦夕。于是，穆宗急忙命太子监理国事。宦官请郭太后临朝称制，代行皇帝职权，郭太后说："自古以来，哪有女子做君主能够实现唐尧、虞舜的太平盛世呢！从前武后听政，几乎倾覆了社稷。我家世代恪守忠义，不是武氏一类揽权的人。太子虽小，只要有贤能宰相辅佐，你们这些人不要干预朝政，何愁国家不能安定！"于是，她撕碎了制书。郭太后的哥哥太常卿郭钊听说后，又呈上一封密信，说："太后如果真的顺从了他们的请求，垂帘听政，臣就率领儿子，交出官爵，去回归故乡，永不出仕。"郭太后哭泣着说："祖先的福祚，都聚在我哥哥的身上啊！"二月十九日，穆宗病情危重。二月二十一日，穆宗死在长安宫中的清思殿，年仅三十岁。长庆四年二月二十六日，年仅十五岁的敬宗李湛在太极殿的东厢房中即皇帝位。直至第二年初，才改年号为宝历。在先帝治丧、新皇登基、亲政改号中，裴度鞠躬尽瘁，方保无虞。

敬宗少年登基，天性骄纵，贪图玩乐，倦于会见大臣。裴度劝谏说：

“陛下即位之初，每月上朝虽不及先帝之半，但尚有七八次，朝野认为陛下尚能躬亲政治，觉得太平有望。就是河北藩镇闻此传言，也感到恐惧，收敛了许多。但近两个月来，陛下很少召见群臣，恐怕会延误政务。希望陛下每月能多上几次朝，以广视听。”从此，敬宗上朝才多了起来。

宝历二年（826）夏六月二十八日，敬宗到三殿，命令左右神策军、教坊、内园的人观看驴鞠，玩打球、徒手搏斗、杂戏。游戏激烈时，有的人折断了胳臂、打破了头，直到深夜才停止，敬宗还是意犹未尽。七月二十七日，敬宗下旨将左藏库现有的银子十万两、金子七千两全部贮存在内藏库中，以便宫中游戏时赏赐。裴度闻讯，极力劝谏，皇上不听。八月，敬宗又在新开挖的池沼中观看百舟竞渡。十二月二十八日，裴度因辅立新君有功，出任首相，兼门下侍郎、太清宫使、集贤殿大学士，余官如故。裴度建议召白居易回京，担任了秘书监。不久，又升其为刑部侍郎。自当年八月，以裴度兼领判度支，直至文宗太和元年（827）十月免除节度使、守司空，前后长达十四个月之久。

太和元年（827）九月，敬宗又在宣政殿观看百戏，整整三天才罢休。百官戏言，宣政殿本为理政之所，竟然成了勾栏瓦肆。敬宗游戏没有节制，招募了多位大力士，日夜不离身边，又喜欢在深夜亲自去捉狐狸。敬宗性情狭隘急躁，有的大力士恃恩不恭，就被发配流放、没收财产；宦官犯一点小错，动不动就遭到棍打鞭抽。因此，宦官们无不又怨恨、害怕。

十二月初八，敬宗李湛夜里打猎回宫，因没抓到猎物，十分气恼。宦官刘克明、田务澄、许文端，及打球的军将苏佐明、王嘉宪、石从宽、阎唯直等二十八人陪敬宗一起喝酒。席间他罚这个，骂那个，一会儿又进室内如厕。人们忧心忡忡，担心今天不知谁又要没命了。有人说：“伴君如伴虎。与其等死，还不如先下手！”突然，殿上的蜡烛熄灭了，苏佐明等积怨很深的人，就在室内杀了敬宗。这正是：人无远虑，必有近忧。世事难预料，祸福顷刻间。敬宗死时，年仅十八岁。

刘克明等人伪称敬宗的旨意，命令翰林学士路隋草拟遗诏，委任绛王李悟暂时监理军国大事。十二月初九日，宣布遗诏，绛王在紫宸殿外廊接见宰相等百官。第二天，裴度闻讯，震惊不已。刘克明等人想要更换掌权的内侍，令宦官们十分忧惧。枢密使王守澄、杨承和，中尉魏从简、梁守谦密议，请来裴度以决大事。裴度认为江王李涵已年届十八，处事较稳健，应召他入宫主事，决不能让弑君奸党得逞，而应坚决果断除掉他们。王守澄等均以为势在必行，于是，便紧锣密鼓分头行动，决定由韦处厚拟定登基诏书，而暗中通知由裴度在宫外与众大臣沟通，统一思想。派禁卫军迎接江王进宫，派出左右神策六军、飞龙军进宫讨伐贼党，全杀了他们。刘克明跳到井里，却又被拉出来杀掉。绛王李悟也被乱兵所杀。第三天，李涵即位，更名李昂。是为唐文宗。

国不可一日无君，否则便六神无主，人自为乱。宰相“掌丞天子，助理万机”，自然当以册封太子、辅君致治为念；平时，应辅君执政，而当新旧交替之时，则应扶立新君以定乾坤。但天无二日，国无二君。当偶有争权夺位者之时，则必欲除之而后安。裴度先辅宪宗平治天下，后又扶立穆、敬、文三宗，鞠躬佐治，堪称良相典范。

珍惜民力　劝诫兴役

元和十三年（818）春，宪宗想在大殿里摆宴，慰劳平灭淮蔡藩镇之役中的立功将士。但当时的许多殿宇已年久失修，十分颓败，他觉得有损皇家气派，于是就下诏，命神策六军修建麟德殿。当时，蔡州长达数年的战事刚停，财政吃紧，宪宗就想让诸功臣捐钱帮助修葺。军使张奉国、大将军李文悦虽明知此法不妥，却不敢面圣进谏，便一起恳请裴度出面说话。裴度当然不希望皇帝穷奢极欲，乐以忘忧，沉沦下去，就去求见宪宗，说：“陛下搞营修，应当由将作监等部门负责，岂有让功臣破费之理？！”这时的宪宗，已被胜利冲昏了头脑，开始有些飘飘然。面对裴度的忧国言辞，他不能挑刺，心中却十分不快。宪宗迁怒于张奉国、李文悦二人，认为他们不会办事。二月，宪宗将张奉国贬为鸿胪卿，降李文悦为右武卫大将军，充威远营使。皇帝先小玩了一把“杀鸡给猴看”的把戏，向朝臣暗示了自己的心意，而后就开始疏浚龙首池，引水入宫禁，以为游观。这条渠始修于隋开皇二年（583），以沟通大兴东城与内苑水道，因年久失修，多处淤塞，故此次疏通延伸，工程浩大。不久，他又变本加厉，起建凝晖殿。从此大兴土木，一发而不可收。

凝晖殿雕梁画栋，移植花木，堆砌假山，更是耗费巨大。当时，程异、皇甫镈主管度支，专事刻剥，巧取豪夺，到处搜刮，以宫市巧取豪夺，以维持皇室的巨大开支。为此，皇上就提拔了他二人。难怪后来的皮日休在《鹿门隐书》中批评中唐以来乱政弊端时说：“古之置吏也，将以逐盗；今之置吏也，将以为盗。”“古之官人也，以天下为己累，故己忧之；今之官人也，以己为天下累，故人忧之。”

生活上的奢华，往往是政治经济上贪腐的前奏，故历来治国提倡朴实、节俭、廉洁。由于营缮太多，国家财赋捉襟见肘。九月，皇帝起用了善于搜刮民财的程异、皇甫镈，然天下皆知二人绝非宰辅之才。制书颁下，市井小贩都引为笑谈。裴度、崔群等人一起上殿力谏，裴度说：“程异、皇甫镈只是两个善掌钱谷的庸吏而已，并非治国大器。陛下竟任以为相，天下人都在非议。臣恳请陛下能慎重择相。”皇帝不听。裴度耻于和这等小人同列朝班，上表请求辞职，又未获批准。裴度接二连三上书力谏，其中说道：“程异、皇甫镈是两个佞巧小人。陛下假以相位，中外上下无不惊骇耻笑。何况皇甫镈在度支，专干巧取豪夺的勾当，凡是仰仗度支供给的人，哪个不是恨得要吃他们的肉。讨淮西时，他们克扣粮草，军士很怨怒。正好，臣到前线行营慰劳，妥善处理，才化解了军队哗变。而今还是那班将士，又踏上了征讨淄青的征程，倘若他们听到皇甫镈入朝为相，一定会惊惧担忧。因为，他们知道再被克扣粮饷，就无处申述了。程异虽然人品低下，但是心地还算平和，还可做些繁重的事务，就是不适宜为相。而皇甫镈，就纯属奸猾狡诈之徒了。这一点，天下无人不知，可他们还能蒙蔽圣听，足见其奸猾到何种地步。臣要是不上奏，于心不安；臣如果不退，天下人都会说臣不知廉耻，要与小人为伍；臣明知其害，而不向陛下谏言，天下又都说臣有负圣恩。而今，我求退不能，谠言又不入君耳，臣真如烈火灼心、万箭穿体。臣所可惜的是陛下的大业：淮西刚平，河北初定，王承宗拱手献地，这些难道是朝廷一手取得的吗？其实，朝廷只是处置得当，才使得诸凶降服。而今，陛下的升平大业已经完成了十之八九，怎么忍心自甘沦落，最终导致四方解体呀！”宪宗受了皇甫镈的蒙蔽，认为裴度结了朋党，不予听取。

此外，皇甫镈还蛊惑皇帝减少内外官员的俸禄，将节省下的钱财充实国库，实在有失体统。

程异死了，皇甫镈少了一个帮凶，愈发感到裴度的威胁。于是，他与一干党羽暗中加速了排挤裴度的活动，上下其手，终于将裴度挤出京城，以宰相名义去充河东节度使、太原尹、北都留守。名义上似乎是委以重任，实际行远遣之实。至此，皇甫镈奸谮当道，天下人人自危。谏议大夫武儒衡上疏揭发其聚奸乱政的行径。皇甫镈又故技重演，诋毁武儒衡。因为武儒衡是武元衡的从弟，武元衡刚为国捐躯不久，宪宗不想寒天下人的心，就责备了皇甫镈几句，从此，皇甫镈才不得不稍有收敛。

裴度看出皇帝纵欲享乐的苗头有增无减，就把从讨蔡平郓以来，宪宗运筹国事的情况和机务方略，编写成《元和圣政记》，趁陪皇帝饮宴的时候，将文稿献上，请宫内盖印，交付史官记录存档。宪宗不好意思接受，推辞说："假如那么做，就像是出自朕自我标榜的意思，那可不是我所希望的。"裴度本意是想以此激励皇帝再接再厉，看他如此谦逊不肯接受，反正文稿他已看到，自己的目的也算达到了，也就不再说什么。其时，宪宗已志得意满，不思进取，虽裴度等极谏尽规，宪宗还是渐渐踏上了败亡之路。

不信祥瑞　谏迎佛骨

孔夫子毕生不谈怪、力、乱、神。这种注重现实人事的自信、自强精神，也渗透在裴度的为人行事之中。

元和末年，宪宗贪图享受，总想长生不老，永葆福祚。当时，凤翔法门寺的护国真身塔里供奉着释迦牟尼的一节佛指舍利；从古至今，每隔三十年，寺里就召开一次大型法会，以祈求国泰民安。元和十四年(819)十二月，又到了开法会的时候。元和十四年正月，宪宗先向群臣展示雕版印刷的佛经，又派中使杜英奇带着三十名宫人、千名僧人手持鲜花，高奏佛乐，隆重地迎接佛骨到达京师。宪宗让将佛舍利留在宫禁中，虔诚地礼拜供奉了三天。礼仪隆盛，耗费巨大。此后，佛骨周历各大佛寺，所到之处，供奉者云集，施舍者如流。王公贵族瞻仰献金，百姓也纷纷施舍礼拜，有的人甚至不惜倾家荡产，唯恐落后。更有甚者，一些人竟然在自己的头顶和手臂上穿肉点燃佛香来供养佛骨。

裴潾上奏谏阻，却惹得宪宗大怒，将他贬为江陵令。裴度为他请皇上宽宥，他不愿连累别人，只好作罢。刑部侍郎韩愈十分厌恶这种劳民伤财的活动，就上书切谏，言辞过激，致使龙颜大怒，要处韩愈极刑。对于皇上崇佛荒政，裴度、崔群都极力劝谏，并为韩愈开解。裴度说：“韩愈虽然言语狂妄，非议圣上的罪名固然成立。但是倘若他不是心内一片至诚忠恳，怎么敢讲出冒犯圣上的话语。为了不致阻塞天下言路，还是应当宽大处理为好。”宪宗怒气冲冲地说：“韩愈说我事奉佛法太过，还可以容他。至于他说从东汉以后，奉佛的天子都短命。韩愈作为人臣，竟敢放肆到这种地步，绝不容宽赦！”说完，指使中使把韩愈的奏书拿给群臣传阅。众人看过，果然有皇帝所说内容，都大为惊恐，但都知道韩愈是出于一片忠心，就继续上前为他说话。皇帝看连王公大臣、皇亲贵戚都为韩愈说话，也只好听取了大家的意见。在裴度等人的力争下，韩愈躲过了一劫。不过，宪宗最终还是贬韩愈为八千里外的潮州刺史。韩愈远赴潮州，去品尝自己直率谏诤的苦果，但他却无怨无悔。

汴、宋观察使令狐楚上奏亳州出现了一股圣水，凡饮用圣水者，疾病立即痊愈。附近几个州的百姓，几乎每十户就派一人去汲取，每天总有成百上千人不远千百里，专程去请圣水。其水卖到一斗三十千。李德裕上奏："昔吴有圣水，宋齐有圣火，皆本妖祥，古人所禁。"裴度判曰："妖由人兴，水不自作。"裴度还说："水若能治百病，还要医药何用！"于是下令让所在封禁堵塞，以绝妄诞根源。李德裕还严令各关津巡逻，劝阻取水之人。但敬宗仍宠信方士杜景先，李德裕便上书请求帝王应以社稷为重，慎服长生之药，以免受害。

裴度不信术数，不好服食，常对人说："鸡猪鱼蒜，逢着则吃。生老病死，时至即行。"其器宇抱负弘达如此。但宪宗晚年喜好求仙羽化之道，下诏寻访方士。元和十四年（819）冬十月二十四日，柳泌住进兴唐观，为宫内炼制仙丹。柳泌对宪宗说："天台山是座仙山，上有灵药仙草，臣虽知道，却无力拿到，如能委臣去该地当长官，就可望找到。"大臣们都以为不可，宪宗说："烦劳一州之力，能为人君求得长生，你等作人臣的，又何必吝惜？"群臣再没人敢多言。十一月，皇上命柳泌赴台州求药。裴度闻知，也只能苦笑罢了。这正是：上有所好，下必取巧，献媚邀宠，捷径一条。白居易的《海漫漫》就对此进行了讽喻："海漫漫，直下无底旁无边；云涛烟海最深处，人传中有三神山；山上多生不死药，服之羽化为天仙。秦皇汉武信此语，方士年年采药去；蓬莱今古但闻名，烟水茫茫无觅处；海漫漫，风浩浩，眼穿不见蓬莱岛；不见蓬莱不敢归，童男丱女舟中老。徐福文成多诳诞，上元太一虚祈祷。君看骊山顶上茂陵头，毕竟悲风吹蔓草！何况玄元圣祖五千言；不言药，不言仙，不言白日升青天。”时愈一年，柳泌一无所获。他担心骗术败露，就逃进了深山。不久，浙东观察使抓获了他，押送京城。皇甫镈、李道古极力保他，宪宗又让他供奉翰林。但宪宗自吃了他的丹药，脾气一天天暴躁。元和十五年正月二十七日，宪宗暴崩于中和殿，年仅四十四岁，成为唐代第二个死于丹药的皇帝。裴度离京仅八个月，宪宗就不明不白地死了。

劝勤诫逸　谏阻巡幸

宪宗亡故，穆宗即位。当时，穆宗孝服在身，却无丧父悲哀，依然花天酒地。穆宗每月初一、十五率领群臣到兴庆宫拜见太后，进奉穷奢极侈。他又发神策军两千人疏浚鱼藻池，以供游乐，又在左神策军丹凤门内观赏倡优杂戏，到神策军中观看手搏，还下令于重阳节选择胜地，大宴群臣。至于如何巩固统治，想也不想，反而重用贪狭营私的小人段文昌与遭人鄙视的元稹为相。拾遗李珏劝阻说：“陛下刚刚即位，年号还没改，就这样追欢逐乐，不合礼制。”赵知微也上疏劝穆宗游玩狩猎应有节制。穆宗虽然没有采纳，但也没有加罪。

十一月十五日，穆宗欲到华清宫去过冬，宰相裴度等率领中书、门下两省的供奉官到延英殿，纷纷上表恳切谏阻，说：“如果皇上一定要去，臣等应当跟随护卫。”穆宗一概不听。谏官伏身在延英门下，直到晚上才退去。十六日，天色未明，穆宗竟从复道出了城，前往华清宫。只有公主、驸马、中尉、神策六军使率领禁兵一千多人护卫。直到黄昏，他才回到宫中。穆宗少不更事，一门心思玩乐，宦官们千方百计满足穆宗骄奢淫逸的需求，达到他们固宠挟君的目的，从而疏离了与大臣的关系，使皇帝更倚重宦官。他用过的宰相有萧俛、段文昌、杜元颖、王播、元稹等小人，排挤了裴度、崔群、白居易、韩愈等名臣。在这种情况下，宦官控政，忠臣被逐，奸臣当道，天下岂有不乱之理。

敬宗也是如此，他极爱蹴鞠，不时在中和殿、飞龙院、清思殿打球。而且一高兴就胡乱赏赐，生活上奢侈无度。为了满足穷奢极欲的生活，他下诏让浙西进贡脂盒妆具、翠鸟和盘条缭绫。李德裕也对敬宗宠幸小人、玩乐荒政深感忧虑，便上《丹扆六箴》，条条切中敬宗无道要害，且言辞明直深切，可惜敬宗置若罔闻。

敬宗自即位以来，老想巡幸东郡。宰相及朝臣劝谏者甚众，李逢吉也以天下不宁，耗资巨大劝谏，建议以后再巡幸。皇上不听，意在必行，并令度支员外郎卢贞去维修东都宫阙，和沿路的行宫。裴度从容奏道："国家设立两都，本来就是准备让皇上巡幸的。可惜自国家多难以来，此事不得已而停止。今宫阙营垒，百司廨舍，全已荒废。陛下倘欲行幸，应命有司在一年半载间徐加修葺，然后再去。况且当今天下不宁。圣驾一动，牵动全局，藩镇会不会相机而动，这才是臣最担心的事。"一席话，说得皇上拉着裴度的手动情地说："从来谈论此事的人，都说不应前往。如卿所说，不去也罢。"恰在这时，河北藩镇朱克融请求以五千工匠前来维修东都，实际是威胁朝廷。敬宗闻讯，心惊肉跳，才彻底打消了巡幸东都的打算。

敬宗李湛青春年少，血气正旺，贪恋床笫之事，以至每月上早朝只有两三次，左拾遗刘栖楚劝谏皇帝勿好色贪睡，按时早朝。裴度上了道

《谏晏（晚）朝疏》。二月初九日，敬宗下了道《授裴度司空平章事制》，但上朝依然常常很晚。三月十九日，太阳已经很高了，还没有坐朝，百官排列在紫宸门外，年老有病的，竟然有人僵仆倒地。谏议大夫李渤告诉宰相说："昨天上疏议论皇上坐朝太晚，今天晚得更厉害了。请让我出阁到金吾仗等候惩罚。"刘栖楚磕头流血，响声传到阁外。李逢吉宣布旨意说："刘栖楚不要叩头，等候处置。"刘栖楚站了起来，又谈论起宦官干政的事。敬宗连连挥手叫他出去。刘栖楚说："若不采纳臣的建议，就还是让臣一头撞死吧。"敬宗虽给刘栖楚升了官，赐了物，但仍不及时上早朝。文武之道应是"文死谏，君迁善"。只可惜国君充耳不闻。敬宗恐怕就是这样一位扶不起来的阿斗，难怪他享国不足三年就一命呜呼了。

第五节　淡泊爵禄　能上能下

裴度淡泊名利，一生虽屡膺重任，曾任司空、司徒、中书令等职，但他每次都是上书恳辞让贤；一次，他甚至连续三上让官表。他晋升必辞，贬降也毫无怨怼。刚入仕时，他曾被贬斥为河南府功曹；身居宰相时也曾被降职为仆射……但他从来都是命至即行，毫无迟疑。这说明他淡泊爵禄，唯求尽忠效力，不以官位为念。

不设冢宰　委政有司

元和十一年（816）三月，庄宪王皇后去世，裴度任礼仪使。当时，宪宗因服丧暂时不临朝理政。他打算按照旧例设置冢宰一职，以统领百官。裴度觉得，古今制度不同，不必守旧不变，便上《不置冢宰议》：

冢宰是殷周六官之首，既掌邦理，实统百司。故王者谅暗，百官有权听之制。后代设官，既无此号，不可虚设。且国朝故事，或置或否，古今异制，不必因循。

同时，他建议相关朝政应交由中书、门下省处理。宪宗很是赞同，不再设置“冢宰”一职，并下诏：“宜取中书、门下处分。”他建议有关事务应交由中书门下两省负责。有见识的人听说这件事后，都称赞裴度做得对。

俗话说：“天上龙多不治水，世上官多不太平。”冗官，必然加重百姓负担；机构臃肿，往往权力交叉，职责不明，容易相互扯皮，或相互推诿。故《元史·百官志》云：“政贵得人，不贵多官，不如一省便。”因此说：简政在于放权，省事不如省官。这是一条万世不磨的真理。

固辞册礼　谦谨务实

大和四年（830）四月，裴度因年事已高，上疏恳请辞去军政机要政务。朝廷要为裴度举行册封礼仪，他上《恳辞册礼表》称：

伏以公台崇礼，典册盛仪，庸臣当之，实谓忝越。况累承宠命，亦为便蕃，前后三度，已行此礼。今臣犹参枢近，窃惧无以弼谐，重此劳烦，有靦面目。伏乞天恩且课臣效官，责臣实事，册命之仪，特赐停罢。则素餐高位，空负耻于中心；弁冕轻车，免讥诮于众口。

文宗接受了他的请求，特地下《答裴度奏辞册礼诏》：

裴度上献表章，固辞册礼。冲谦之志，发自恳诚。嘉叹良深，用依来清。其册礼宜权停。

文宗不许裴度辞官，并派御医到裴度府中诊视，每天还派中使安抚慰问。裴度不热衷这些繁文缛节，不喜好堂皇铺张的典礼形式，既体现了不事张扬的求实作风，也反映了他的谦虚谨慎。

文宗觉得裴度有脚疾，不方便来京朝见，但年龄还不算太老。开成二年(837)五月，宪宗让裴度以本官兼任太原尹、北都留守、河东节度使。诏书下达后，裴度以年老有病坚决辞让，不愿意再掌兵权。文宗便特地下诏不许他辞让，同时派遣吏部郎中卢弘前往东都宣旨说："卿虽多病，年未甚老，为朕卧镇北门可也。"为此，皇上还特意赐给他鞍马以代步。裴度请杜牧代撰了《代裴相公谢告身鞍马状》。裴度上表一次次恳辞，文宗李昂连续下达了《答裴度辞官表批》《答裴度辞官第二表批》与《答裴度辞官第三表批》。裴度三辞不准，只得奉命前往。文宗派遣吏部郎中卢弘宣谕东都，顺便催促裴度启程赴任。裴度只得勉为其难，带病上路。裴度途经故乡闻喜，才又一次重回故里。他虽衣锦还乡，但不事声张，只会见了长辈宗亲，祭拜了祖庙，悄然而过。待地方官员知晓，裴令公已离去两天了。声闻裴度出镇太原，河北藩镇私下议论："卧龙镇住诸虫，睡虎吓退群狼。"易定节度使张璠卒，其子想要自立为节度使，裴度尺书，致函，苦口婆心，终得说服其束身归朝。这正是：虎老余威犹在，气使可定乾坤。

此时裴度已是七十三岁的高龄了，但他仍能不战而屈人之兵，对朝廷而言，真可谓鞠躬尽瘁了。

托病勇退　屡次让官

开成三年（838）六月，裴度因疾不治政事，恳辞机务。常兖为裴度撰拟了《代裴相公让将相封爵表》《裴相公让将相封爵第二表》。文宗拜裴度为特进、守司徒，平章军国重事，散官勋实封如故。在诏书中，文宗称赞裴度为“器为社稷之镇，才实邦国之桢”，“为国元老，毗予一人。”文宗还特许他等疾病稍好，三五天到一次中书省。

而此时，朝中宦官专权，重臣退避，宦官得势。中尉王守澄尤其专横，招权纳贿，皇上难以控制。皇上担心宦官势强，他曾秘密与翰林学士宋申锡谈论防范之计，宋申锡请渐次削除王守澄的威权。皇上因宋申锡沉厚忠谨，大事可以倚重，遂擢其为尚书右丞。之后，文宗又以路隋为门下侍郎，又召拜崔从为户部尚书，任李宗闵为中书侍郎。元老重臣的退避，留下了一个权力真空，后贤若不能继之，就会为奸蠹所乘。国之权柄不可一日假之非人，信不妄也。

李宗闵因崔从与裴度、李德裕友善，厌恶他，处处掣肘为难。崔从无法施展，便要求致仕，李宗闵顺水推舟，除崔从为太子宾客，分司东都，告满百日后离京。此事传开，舆论哗然。李宗闵没想到会捅了娄子，心中十分恐惧，又权且改授崔从为检校尚书左仆射、淮南节度副大使，知节度事。

裴度因自己功高位极，不能无虑，他虽然疾恶如仇，面对盘根错节的朋党集团，不再把仕途的进退放在心上。之后，为人正直的尚书右丞宋申锡为同中书门下平章事，而李宗闵与牛僧孺辅政，却借机排挤裴度。右补阙张文规因追随裴度，被贬为县令。裴度奏请将张文规置于自己的幕府中。这正是：人在宦海，身不由己。草木一春，人生百年。历史舞台，代有才人。逢时而起，当止则止。时过境迁，急流勇退，也不失为一种明智的选择。

度支使掌握天下税赋，朝廷用度，百官俸禄。在朝廷百官中，可谓是最肥的差使。许多想升官发财的人求之不得，唯独裴度却能拿得起放得下，说辞就辞。

裴度在讨平了李同捷后，上书请求减少一些职务，朝命其进阶开府仪同三司，辞去调兵食之权，归之于有司，诏书从之。裴度又增实封三百户。

盖世奇功　不可磨灭

元和十三年（818）三月二十五日，皇上下诏由韩愈起草《平淮西碑文》，以纪念平定淮西的盖世奇功。韩愈奉敕七十多天后，撰成进呈。皇上御览，群臣遍观后，均十分满意，便命石匠刻泐。碑成后举行了隆重的揭碑仪式，由礼部侍郎主持。许多达官权要士大夫，文人墨客纷纷参加了仪式。人们竞相拓碑，赠送权要。儒商们还将之制为众学子习字的字帖。韩愈参与了揭碑仪式，而裴度却因政事，未能亲自参与这一盛典。

裴度故实　［清］黄慎　作

平定了淮蔡、淄青，中唐实现中兴，此时可算是宪宗政治成就的顶峰。得意之余，宪宗却忘乎所以，逐渐骄纵无忌、淫逸奢靡，变得刚愎自用，拒谏饰非。励精图治的精神日渐被浸蚀消退，奉道明君的形象也日渐暗淡，昏庸腐朽的一面日渐显现出来。这正是：福兮祸所伏，祸兮福所倚。

皇甫镈专以克扣下属来取媚奉上，人无敢言。唯有谏议大夫武儒衡上疏揭发其奸蠹行为。当时，裴度在相位。他向宪宗上疏，知无不言，刺中了奸臣的痛处。皇甫镈同党便暗中设计排挤他。因为裴度的谏阻妨碍了皇上享乐，皇上便也暗暗嫌弃他碍手碍脚。

不久，一个老卒推倒了平淮西碑，官府把他捉了起来。羁押期间，他又用项枷打伤了狱卒。宪宗闻报，非常恼怒，让将之押解到京杀掉。皇上问他：“小卒何故砸毁大臣将士功德碑？”老卒说：“乞求说一句话就死。碑文不公允，我击杀陛下狱卒，不过是想当面奏知陛下。韩愈碑文誉美裴度，抹杀李愬功劳，因此心中不平。”皇上命令松绑，赐给他酒食，并命令翰林学士段文昌重新撰写。

这一反复，事发有因。原来，李愬的妻子是唐安公主（宪宗姑母）的女儿，可以出入皇宫，她听信奸人挑拨，“谗之天子言其私”。于是，宪宗下令磨去韩愈的碑文，让翰林学士段文昌重新撰写。到了宋代，又有好事者把“颠倒的历史再颠倒过来”，磨去段文，重刻韩文，但是已经不是韩愈的手迹了。清代咸丰元年，体仁阁大学士、军机大臣祁隽藻又亲书韩愈《平淮西碑文》，四通高达七尺的青石碑屹立在闻喜裴柏村的裴氏宗祠。该碑以裴度丰功、韩愈雄文、祁氏墨宝而并称“三绝碑”。

历史不会重复，但历史的悲剧从来都是相似的。早在号称英主的唐太宗之世，就发生过这样的先例。一代名相魏征逝世。太宗在哀痛中为他亲撰了碑文，并亲自书丹，以表彰其嘉言善行。可不久，就有人对太宗说：“魏征在世时，常将其每次劝谏，指摘皇上过失的奏章，抄了一份，给褚遂良看，这岂不是靠借议论宣扬帝非来抬高自己，以留名千古吗？”太宗一听，十分恼恨，便下令推倒了魏征的墓碑，并开始疏远冷落魏征的后人。两幕闹剧，何其相似乃尔！后来，太宗征战高丽，丧师而归，在后悔之余，不由想起了魏征这位诤臣，深有感慨地说：“如果魏征还健在，朕恐怕就不致铸成这丧师辱国的大错呀！”于是，他下令重立魏征墓碑，并厚赐其家子弟。从这一点看，太宗乃不失为一位英明的圣君呀！人非圣贤，孰能无过。过而能改，善莫大焉。

裴氏五祖碑

第六节　制约奸佞　刚正立朝

鄙视谗佞　避之唯远

建中二年（781）三月，裴度随父回闻喜原籍，于凤凰垣祖茔安葬了死于战乱的母亲与姊妹。清明节，裴氏祭拜祖庙，裴度又经受了一场祖德家风的洗礼。

裴度之父裴溆去拜访族人裴旭，并想将裴度托付于他。当时，裴旭之子裴延龄得宠用事，其建言没有不让皇帝称意的。但他嫉贤妒能，中伤俊良，欺上瞒下，以售其奸。大臣们每每揭发其罪恶，延龄早知，先言于帝，许多人反被他诬陷落职。当裴度听说了裴延龄的所作所为后，不想与他有太多瓜葛，裴溆便打消了这一念头。归途中，爷儿俩又谈及此事，裴度说："恶木垂荫，志士不息；盗泉飞溢，廉夫不饮。"说得其父直点头。

宪宗时，裴度因与小人同列而深感羞耻，曾上表请求辞职，宪宗不允。裴度又一次上疏，认为："皇甫镈、程异都是管理钱财粮谷的庸吏、巧言令色的小人，陛下却以他们为宰相，朝廷内外无不惊骇耻笑。皇甫镈担任度支时，专门以多收少给为能事，凡是靠度支拨发钱粮的人，都想吃他的肉。最近他克扣淮西军队的粮饷，军士们怨怒，恰逢为臣到军营抚慰劝说，才没有发生兵乱。现在，兵将们正讨伐淄青李师道，若听到皇甫镈入朝为相的消息，必定惊愕担忧，知道从此就无处诉苦了。程异虽然人品平庸卑下，但是居心处事还算平和，可以去干些琐细的事，但是绝对不适合做宰相。至于皇甫镈，狡猾奸诈，天下共知，只能惑乱皇上。为臣如不主动辞官，天下人会说臣不知廉耻；臣如果不进言上奏，天下人会说臣对不起皇上隆恩。现在，为臣请求辞职，既然不许，进言又不听信，如同烈火烧体，万箭穿心一样难过。可惜的是，淮西已经荡平，河北刚刚安宁，王承宗拱手削地，韩弘带病讨贼，难道是朝廷能制服他们吗？不过是因为处置得当，让他们心服而已。陛下开创太平大业，已十有八九，怎忍心反过来毁坏它，使天下人心重新背离呢？我请求罢免其宰相，改授皇甫镈为浙西观察使。”宪宗认为裴度对二人有成见，并结了朋党，便置之不理。

参劾奸佞　以清君侧

穆宗时，翰林学士元稹，勾结皇帝的近侍官员，意欲谋求充任宰相。元稹虽与裴度没有怨恨，但非常忌妒先前的贤达在自己之上。裴度正在山东指挥作战，每每处置军务有所论奏，多被元稹留持。天下人都说元稹恃宠迷乱皇帝的视听，裴度在军中上疏奏论此事道：

臣子我听说国君圣明臣子直率。现在我既然遇到了圣明的天子，就应做个直言极谏的臣子，回答皇上的话，不带一点私心，对下能止息诽谤，誓死扫除国家的蠹虫，不计身家性命。如果诤言进谏能行得通，性命哪里还值得顾惜呢？我想，陛下继承宏大事业，开创雄伟蓝图，正要销弥凶顽的气焰，来建设太平盛世。然而叛逆挑起战乱，震惊了华山以东，奸臣们结成朋党，败坏国政。陛下想扫荡幽州、镇州，应该先肃清朝廷。为什么？酿成的祸患有大有小，国事有先后。河朔藩镇，只能搞乱华山以东，而朝中奸臣，却能够搞乱朝廷与天下。这就意味着河朔祸患小，宫禁中的奸臣祸患大。小的，我军与各位将帅一定能够消灭；大的，非陛下制决断，非陛下觉悟，才可驱除。现在文武百官，中外万类，有心的无不愤恨，有嘴的无不哀叹。仅为奸臣权势太重，皇上对他们恩宠重用正深，而有所畏惧顾忌，不敢触及，只恐怕事情还没揭发，灾祸已降临到自己身上，就不再为国家着想，暂且为自身考虑。

臣我近年忧思隐忍，不愿揭发挑明，一则因自己罪恶如山，怨声如雷，私忖陛下圣明，一定能诛杀奸臣。一则因为四方无事，万般还过得去，虽然朝廷纲纪暗自败坏，贿赂公行，等到他们恶贯满盈，一定会自行灭亡。今逢凶贼扰乱，皇上忧虑痛心，所有制策诏命、谋划全在国家安危。可恨这些奸邪，恣行所欲，肆无忌惮。扰乱圣上方略，不止一端。再则翰林苑的老臣们结成朋党，陛下却听从他们的话，又多向宦官们咨询。这般人私下密谋，互相唱和，蒙蔽英主。所以为臣我从用兵以来，所陈述的奏章，均事关迫切，所奉行的诏书，多数内容紧要。只可惜陛下委任托付他们的心意不减，被奸臣们抑损的大事实在不少。

臣子我素来晓得自己与奸佞们并无怨仇，只是前些时我请求顺便乘传车赶回朝廷，当面陈述军情，奸臣的党羽，最为畏惧，知道我若到了皇上面前，一定会揭发他们的罪过。因此，千方百计制止我动身起行。臣我又请求带领兵马齐头并进，趁机征讨逆贼，奸臣的党羽，横加阻挠。只怕我统兵讨贼，或许会立了功。我的进退受到牵制，意见全遭他们阻塞。他们又众口一词，同心协力，或让两道招讨使逗留十多天，或让蔚州行营拖延时日。只想让我举止失措，使我一事无成，却对天下治乱、前线的胜负，全不顾了。作为臣子侍奉国君，竟然到了这种地步。况且陛下身边，忠良颇多，有精通典章的，也有谙熟军事的，完全能任用，为何只重用这些人?以臣我的意见，若朝里奸臣仍在，纵然平定了反贼，也没有益处。

臣我常读国史，知道代宗朝，西戎入侵，直犯都城，代宗还不知道，因为被程元振蒙蔽，几乎危及国家社稷。当时柳伉，仅是太常寺一个博士罢了，还能抗言上表，指斥程元振的罪恶，为国家除害。现在臣我所处的职位，身兼将相，怎肯坐视凶险邪僻的小人，使日月的光芒暗淡。我简直不能忍受这种极度疾恶如仇的激愤！谨奉奏章，让宫中的使臣赵奉国转呈陛下。倘若陛下不相信我忠谠的话语，惑于奸党，恭请拿出臣这道表，让三事大夫与百官集体议论。奸臣们不受谴责，为臣我宁肯服罪。上天如明镜，照亮我肝胆，只要天下人知道臣不负陛下，即使死了，犹如再生之年。

裴度相继上呈三个奏章，情激辞切。穆宗虽不高兴，但惧怕大臣们的公正议论，于是调任魏弘简为弓箭库使，免去了元稹的学士之职，但偏宠元稹的心意未减。不久，授予元稹平章事职位；接着取消了裴度的兵权，暂代司徒、同平章事，任东都留守。谏官们相继从便殿角门拜伏到延英门进谏，每日两三起。穆宗明白他们谏奏什么，不及时召见；谏官们都上疏说：当前尚未息兵，裴度有将相之才，不应将他安置在闲散之地。穆宗因奏疏纷繁，不知该怎么办，知道人心在裴度，便诏令裴度由太原起程，经京都赴洛阳。

大和九年（835）十月二十八日，文宗李昂下达《授裴度中书令制》，任命东都留守、司徒、侍中裴度兼任中书令，其余的官爵照旧不变。大臣上殿面君，必须解下佩剑，脱掉鞋履，以表敬意。唯有像裴度这样格外尊崇的大臣，才能剑履上殿。但裴度从未剑履上殿。裴度写了《中书即事奉酬中书相公至日圆丘摄事于中书后阁宿斋移止于集贤院叙怀见寄之作》：“有意效承平，无功答圣明。灰心缘忍事，霜鬓为论兵。道直身还在，恩深命转轻。盐梅非拟议，葵藿是平生。白日长悬照，苍蝇漫发声。高阳旧田里，终使谢归耕。”

时任宰相的李训所奖掖提拔的都是被当时君子摒弃的狂妄阴险之人。有时也举用一些天下德高望重、德高年迈的老臣，如裴度、令狐楚、郑覃等，以顺应人心。不仅文宗被他迷惑，士大夫们也有期望他真能带来太平。不过，有见识的人看他专横到极点，都估计他将要败亡了。

开成元年（836）二月，昭义节度使刘从谏上书质问蒙冤的王涯有何罪过。四月，李训竟然又声称要杀掉王涯。四月二十六日，他又上书罗列仇士良等的罪状，请求严正典刑，其奏书称：“内臣擅领甲兵，妄杀无辜，流血千门，僵尸万计，臣当缮甲练兵，入清君侧。”仇士良才害了怕，就想通过为刘从谏加官晋爵，拜为司徒的办法来收买他，以缓和彼此的矛盾。不料，刘从谏不吃这一套，又上表说：“死（冤死者）未申冤，生（我等活着的）难荷禄。”仇士良心里更为害怕，才稍有收敛。这样一来，朝官才多少能行使一些职权。每逢官员从东都回京，文宗一定要问：“卿见裴相国否？”不久，坊间传言纷起：“天子有诏命令宰相掌管禁兵，宰相已经拜谢皇恩接受了任命。”这些传言代表了呼吁裴度回朝秉政的民意众望。

第七节　秉承家风 弘扬祖德

见义勇为　香山还带

因为兵荒马乱，裴度屡误科考。他颇感困惑，一度想投笔从戎以赴国难，但姨父觉得他年纪尚小，坚决不许。洛阳有位相师孙秋鏊，被缙绅誉为神算。裴度偶尔经过，相师对他左瞧右看，露出诧异的神色。自语道："老夫阅人无数，但这个年轻人怎么让我越看越不明白。"相士非要送他一卦。裴度从未卜过卦，感到好奇，心想故妄听之。相师说："郎君形体神色，异于常人，不入相书。恐无科级的缘分。若不至贵，就当饿死。现在看不到可贵之处，可别日垂访，为君细看。"如此这般给人心中留个疙瘩，是卦师们的惯用伎俩。

十二月的一天，裴度雪中读书，徘徊于香山寺廊庑间。忽见一老一少两位素衣女子把包袱挂在僧伽栏杆之上，到佛前祈祝膜拜，过了许久才离去。裴度只顾读书，没太在意。过了好大一会儿，他才看见包袱等落在原处。知是那两个女子遗落，料想追赶不及，他只好暂且收起，等妇人回来寻取。裴度眼巴巴地等着，但直到日暮也没见个人影。他只得将东西带回住处。第二天天刚亮，他就带着包袱来到师院，等候主人来找。寺门刚打开，两个女人匆匆赶了来，还连声哀叹。裴度问她们：“可是找物？”老妇人还在喘息，小女子说：“这位相公，我们母女这厢有礼了。昨日拜佛遗失贵重物品于此，特来寻找。相公可见？”裴度问：“不知所丢何物？请姐姐示下。”那女子说：“家父周方正本来无罪，被奸人诬陷系押。几天前，求告老父故友郭令公，借了犀牛皮玉带两条，去请托通天人物以伸张正义，为父平反昭雪。路经此处，我们听说这里的菩萨特别灵验，便来布施祷告。不幸将玉带丢失。恐怕父亲的杀头之祸，难免了。”裴度细问物件形色，核对无误，才交给她。那女子再拜饮泣，感激不已，请裴度留下其中的一条，以表谢意，裴度笑而不纳。那对母女又问姓名，好日后重谢。裴度说：“帮人出于本心，非为日后图报，还是救人要紧。”周娥对这位英俊少年拾金不昧，施恩不图报的品操，心生敬意。她扶母亲下台阶时，刚走了几步，便将亲手绣的凤蝶手帕，乘母亲不注意，偷偷丢在台阶上。她在心中默祷，“如果有缘分，苍天怜见，让施恩人与受恩人再度相逢。如果无缘，绢帕就留与恩人揩汗吧！”母亲看她若有所思，便问她：“为何？”她见母亲发问，才急忙答道：“没事。”入夜，周娥见一弯新月初升，像嫦娥咧着嘴向自己微笑。她遥拜新月，暗自祷告：“恳请月下老人，能遥牵红线，保佑自己能找到那个‘心中想’的如意郎君。回房，她还写了一首诗：“开帘见新月，即便下阶拜。细语人不闻，清风吹裙带。”真是老天有眼，八年后的一天，裴度喜中进士，因披红插花，游街夸官，其所乘之马受惊，两人才奇迹般地相遇，终于成就了一世良缘。

急人危难　义还原配

新科进士胡纠，新授湖州录事参军。赴任前，他去向未婚妻报喜，并准备完婚。可他求取功名的这三年中，未婚妻已被刺史征为乐妓，且不知去向。无奈之下，他只好只身赴任。祸不单行，路上他又遇强盗抢掠，上任告敕、文簿、盘缠均被盗贼抢光，片纸未剩。这还不算，强盗还将他推入渭水，想淹死他了事。也是命不该绝，正当河水没顶之际，水中漂来一匹瘦驴。他拼命抱住驴脖子，总算游到了岸边。他变卖了驴子，得了五百文铜钱，徒步返回京师。他想求告于吏部，但又无凭无据，只好返回旅舍，苦思冥想脱难之计。不几天，他终于打听到未婚妻的去处。原来，她已被刺史按乐伎献于裴相府中。于是，他便投宿到裴相府门口的小店以求一见。

当时，裴度正在休假。傍晚，他身穿紫绔衫，微服来到客店前庭茶舍，想与客商攀谈，以了解民情。这家客栈恰是胡纠所住的客栈。裴度一进门，正好与胡纠打了个照面。他主动与胡纠打了个招呼，并要了壶茶，便与对方攀谈起来。胡纠话未出口，双泪先流，说："我的苦处，人不忍闻。"裴度关切地细问其遭遇。胡纠回答说："小生在京数载，终得中了进士，已授官湖州。本想赴任，却遇寇荡尽，唯余微命。更可悲的是，某将娶亲，却被州牧强行将未婚妻选为秀女乐妓，献给了宰相裴令公。"裴度闻言，心中一惊，关切地问道："你妻姓甚名谁？"答曰："姓李，小字黄娥。"裴度就对他说："某人就是令公亲身校尉，不妨试为先生查问查问。"胡纠很后悔，怕此人入府告官，招致大祸，心中十分不安。第二天，胡纠在裴府门口忐忑不安地等了一天，到了晚上，有个军吏来到店中，口称裴中令召见。胡纠闻言，不知是祸是福，只好与军吏一同前往。来到裴府，引入小厅，拜地流汗，不敢仰视。等到请他入座，侧目窥视，只见昨日紫衣押牙坐在正位，心想昨日所见，原来就是裴令公，心中更是惶恐，跪地赔罪："小人有眼无珠，不识令公，多有得罪，万望海涵。"令公却说："胡相公请起。昨日听君一席话，令人心中恻然。我身为宰相，本应当解除万民危难。"胡纠欣喜不已。裴公又说："昨日回来一查，果有黄娥此人，还真在我府中。常言道：'宁拆三座桥，不破一门婚。'老夫自然应当成全你们。今天你就可以与未婚妻比翼双飞了。"胡纠喜不自胜，连声道谢。

当下，裴令公让人唤黄娥出来与胡纠相见。当毫不知情的黄娥兴冲冲地赶来时，看到自己的未婚夫站在面前，真是悲喜交集。胡纠忙招呼黄娥一同跪拜称谢。晋公说："你们小夫妻破镜重圆，可喜可贺啊！"二人忙说："令公真是再生父母呀！"

令公说："老夫膝下五子，唯独缺个女儿，就认个义女吧！而胡纠你，自然就是爱婿了。今天你就可搬进府内居住。等老夫上朝请下朝旨，为你补办了官诰印信，再送你前去赴任。"二人闻言，双双跪地，口称"义父、义母在上，请受小婿（小女）一拜。"二老说："好，好，不意我夫妇年过半百，又得一双儿女，也是前生宿缘呀！快快请起。"令公特命赠他新置的行装和一百两银子，送到旅店，鼓吹花烛给他们完婚。当晚，相府送亲，在客栈布置了洞房花烛，好不欢喜。三日后，黄娥与胡纠将启程一同前往湖州。胡纠与黄娥进府去当面辞谢裴相国，但府中说裴度已上朝去了。裴度让人嘱咐胡纠："好好为官，就是对老父最好的感谢与报答了。"这正是：枯木凋零又逢春，绝处逢生天降恩。

杜绝自炫 临终还带

开成四年（839）春，闰正月，文宗下诏命裴度回东都途中，先折返长安面君，说他十分想念。裴度返京，以疾归第，特别是足疾疼痛，行走困难，不能入见谢恩，故时人称之为“跛宰相”。皇上慰问赐赉，朝廷遣国医就第诊视。计日支给俸料，使者络绎不绝。

二月底，朝廷特予准许裴度就地静养，暂不赴任，并同意裴府从任所召回五个儿子，以陪侍令公。

裴度一病不起，渴盼儿子归来见最后一面。没几天，五个儿子、十余孙儿，均来到卧榻之前问安。当年平淮西时，宪宗曾赐裴度玉带一条。裴度临薨，却进玉带，让门人作一纸奏书，但写了几稿都不如意。裴公令子辈执笔，口占状曰：“内府之珍，先朝所赐。既不敢将归地下，又不合留在人间，谨却封进。”裴度说完，闭目养神。闻者叹其简切不乱。这片言短札，竟成为裴相国的最后遗言。

四朝名相裴度，就这样寿终正寝，享年七十五岁。身后只留下关于劝皇上早日立储的半纸奏稿，而没给家人留下只言片语的遗书。但他临终还带，却为后人留下了最意味深长的遗言：御赐宝带，是宫中公物，若随葬泉下，虽属哀荣，但徒贻强贼盗挖之祸端；若留儿孙，又深忧其销蚀了后人拼搏之精神，还恐成炫耀招祸之由头；今完璧奉还，公私分明，既拂扬着不贪不占的清风，还留给后进自铸辉煌人生的嘱咐。

代有人才　源远根深

裴度共有五子：裴识、裴諟、裴让、裴谂、裴议，多有其父之风。裴识以门荫入仕，后来袭封晋国公，食邑三千户，实封一百五十户，曾任潭州刺史、凤翔陇右节度使、许州刺史、忠武军节度使及陈许观察使等职。裴諟长庆元年（821）考中进士，历任多官，位列朝堂。裴让，初任京兆府参军，裴度出任襄阳时，裴让随往，征讨河朔也曾效力军前。裴谂，大中五年（851）入仕，曾任御史大夫、宣州刺史、宣歙观察使，授勋上柱国，封爵河东郡男，食邑三百户，官至刑部侍郎。

兄弟五人并列朝班方镇，时人深以为荣。五子成才，除得益于晋公的言传身教外，还在于秉承了裴氏"推诚为应物之先，强学为立身之根，节俭为持家之基，清廉为做官之本"的祖训。如果说这些还失于空泛的话，我们尚可从其家训中找到答案。

《河东裴氏家训》

重教务学，崇文尚武，德业并举，廉洁自律。

一、敬奉祖先：慎终追远，木本水源。生事死葬，祭祀礼存。立志向善，做贤子孙。贻谋燕翼，勿忘祖恩。

二、孝顺父母：父母恩德，同比昊天。人生百行，孝顺为先。跪乳反哺，物类犹然。况人最灵，孺慕勿迁。

三、友爱兄弟：世间难得，莫如兄弟。连气分形，友恭以礼。同心同德，团结一体。姜被田荆，怡怡后启。

四、协和宗族：曰宗曰族，一脉相传。勿事纷争，和谐齐贤。

尊卑长幼，伦理秩然。远近亲疏，裕后光前。

五、敦睦邻里：同村共井，居有德邻。相维相恤，友助和春。勿生嫌隙，有礼彬彬。基层良风，家国亲仁。

六、立身谨厚：谨身节用，明刊孝经。武侯谨慎，昭若日星。厚德载福，宽让能宁。谦虚自牧，喜怒不形。

七、居家勤俭：勤能补拙，俭以养廉。丰家裕国，莫此为先。颓惰奢靡，祸害无边。惜时爱物，居安乐天。

八、严教子孙：家庭教育，立人丕基。诲尔谆谆，性乃不移。谨信泛爱，重道尊师。传子一经，金玉薄之。

九、读书明德：人不读书，马牛襟裾。学而时习，其乐有余。一技专长，生计无虞。立达希贤，典型规模。

十、惇厚戚朋：朋友五伦，以德辅仁。益友损友，择游宜珍。戚党姻亲，和洽如春。岁时伏腊，晋接礼宾。

十一、慎重言语：一言兴邦，一言丧邦。圭玷可磨，言玷永伤。驷不及舌，语出须防。少说寡祸，发言有章。

十二、讲求公德：置身社会，公德第一。爱惜公物，遵守序秩。时时警惕，留心错失。祛除自私，免贻人疾。

如果说这些还仅在崇德倡善“导其性，广其志，养其才，鼓其气”的话，请再看“攻其病”的《河东裴氏家戒》：

一、毋忤尊亲；

二、毋辱祖先；

三、毋重男轻女；

四、毋事赌博；

五、毋为盗窃；

六、毋贪色淫；

七、毋吸烟毒；

八、毋酗酒好斗；

九、毋忘本崇洋；

十、毋入帮派。

家训是家长用以训诫、劝诱教育培养后代的文字教条，是社会精神文明、家庭伦理的集中解说，是家庭文化建设的生动体现。作者研究裴氏三十年，收集到了近三十种《裴氏家训》，可谓句句金石，堪为世范。

最可贵的是，裴氏家训族规并未停留在纸上，而是渗透在每个族众的言行中，长者率先垂范，后辈身体力行，效慕思齐，相互监督，彼此督促，相互激励，正所谓“纸上得来终觉浅，须知此事要恭行”，“记得千言，不如行得一句”。

裴氏家训的人文精神还洋溢在先贤功德事迹、牌匾楹联，碑刻字画照壁共同营造的浓郁的家族文化氛围之中，耳濡目染，润物细无声的滋润沁泽，其化育效果远胜于生硬抽象的说教。

第三章 裴度箴言

其底定南方也，不以力制，而取其心服；震叠诸夏也，不敢角其胜负，而止候其存亡；法加于人也，虽死徙而无怨；德及于人也，虽奕叶而见思。此谓精义入神，自诚而明者矣。

——《蜀丞相诸葛武侯祠堂碑》

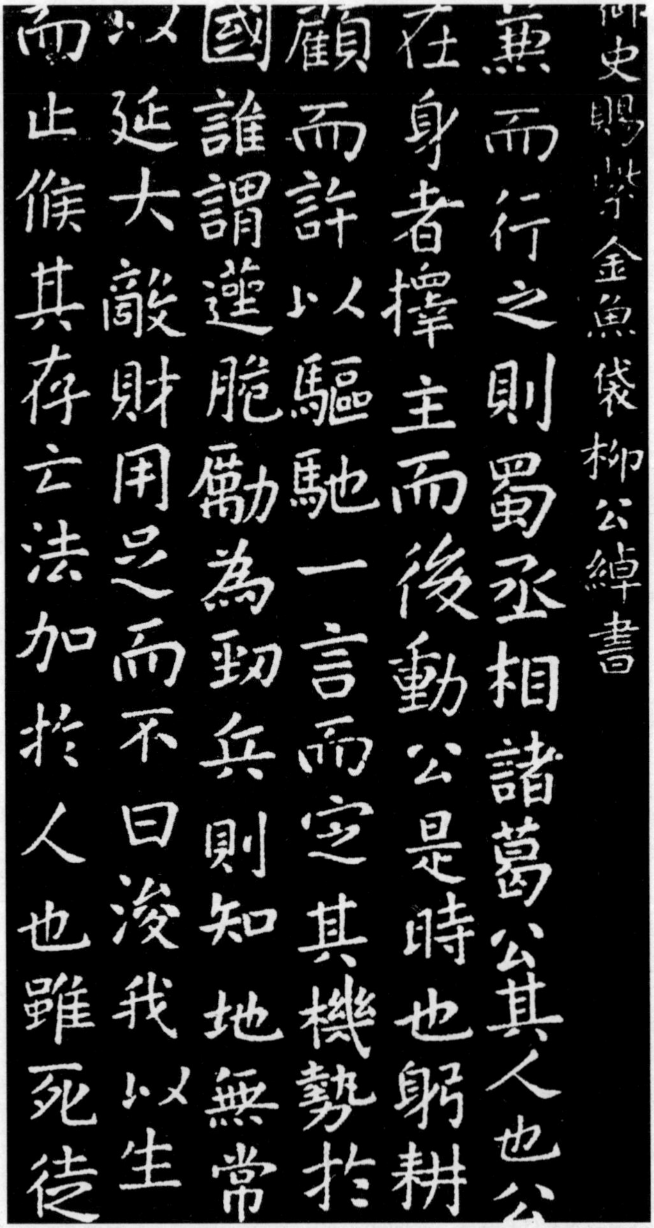

《蜀丞相诸葛武侯祠堂碑》局部

一代名相裴度在德、功、言三方面堪为万世楷模。斯人去矣，精神犹存。他在为政上为后人留下了丰厚的遗产，亟须历代仕宦去汲取、传承、弘扬。

《左传·襄公二十四年》云：“太上有立德，其次有立功，其次有立言，虽久不废，此之谓不朽。”自古以来，中华文化就将“立德”摆在人生“三立”的首位，作为人生的最高追求。道德虽然不是万能的，但对个人、家庭、社会而言，却是不可或缺的。因为，德者不失，仁者不忧，智者不惑，勇者不惧。自觉的修身意识，严格的道德自律，高尚的品操人格，以及良好的社会风气，对人格的升华、社会的文明、国家的发展，均发挥着巨大的推动作用。而且，伟人有圣德、伟业、著述，常人也可以有其德行与善言。凡圣虽殊，其美一也。因为法制、良风美俗都有宏观的一面，必须靠有德之人来执掌奉行；另一面，伦常又需要人们从道德层面的认同，才能转化为自觉的“应该”；其践履离不开道德良知这一意识底线的制约和情感上的主动趋附；粗线条的法制难免疏漏，须有道德观无微不至的覆盖与补充。

提倡道德，是因为还有一些人未遵循道德。故老子曰：“上德不德，是以有德；下德不失德，是以无道。”（《老子·道德经》）这是说，居上位的君子从不把自己的德政视为惠及天下的恩德，所以就真正具备了道德。居下位者的言行如果能从来不失德，天下就不需要也不存在道德了。

《尚书》中已确立了“官德唯先”的理念，并为各级官吏提出了应该遵守的九种道德规范“宽而栗，柔而立，愿而恭，乱而敬，扰而毅，直而温，简而廉，刚而塞，强而意。”古代社会家国一理，人生道德往往升华为政治道德，即“四维”“八德”。何谓四维？一曰礼、二曰义、三曰廉、四曰耻”。《管子·牧民》：“国有四维，一维绝则倾，二维绝则危，三维绝则覆，四维绝则灭。倾可正也，危可安也，覆可起也，灭不可复措也。”执政之人应具备“八德”，即：“忠、孝、仁、爱、信、义、和、平”。裴度正是这以“八德”系“四维”的典范。正是这一点使他历任六帝、四朝为相，成为政坛常青树的。

忠孝是传统道德的核心内容，求忠臣必由孝子之门。因为在家尽孝，推而广之，才能为国尽忠，忠于君王，忠于师友。

裴度为官“守职而不废，处义而不回”（汉·黄石公《素书》）。他真正树立了为民公仆的意识，恤民困，知民情，会民意，听民声，感民恩，惜民力，才能勤政为民，聚民智，解民忧，惩民贼，平民愤，申民怨，安民居，得民心。执政者如果不仁丧德，贪婪腐败，难免丧失民心，人亡政息。故古代“选官唯德”，十分重视官德建设，制订了“科举选士”“奖勤罚懒”“励廉惩贪”“惩恶扬善”“严于治吏”等遴选、考核、监察、司法制度。裴度执政，其一言一行，其目的正在于推动这些制度的建设。裴度一生，没有写过自传，家庭也没有为他立传，倒是《旧唐书》《新唐书》使他的事迹长留人间。

古人崇尚返璞归真。有真必有诚，能朴必充实。人唯朴实，才能诚实。仁义待人，才会善；老实做人，方为良。故古人倡导守拙不取巧，藏拙不卖巧，宁拙不耍滑。因为“天道忌巧”，“天道忌盈，天道忌贰”。为人应“以天下之至拙，应天下之至巧；以天下之至诚，应天下之至伪。”

《礼记·礼运》云：“大道之行也，天下为公。”所以，爱国，首先表现为爱民。民为邦本，治国首先是为民，务使“老者安之，朋友信之，少者怀之。”（《论语·公冶长》）道家云：“圣人无心，以百姓心为心。”一切都应为民众服务。

“君子爱财，取之有道。”古人提倡即使帮助别人也应惠而不费。否则，反而会让人心中不安。爱民变成了扰民就糟了。如果物欲过重，玩物丧志，妄想不劳而获，往往成为犯罪的根源。对此，不能不引以为戒。更何况，为官，廉洁才能公正清明；贪财纳贿，徇私枉法，往往要自毁前程。因而说“廉者，政之本也。”（《晏子春秋·内篇·杂（下）》）

《易·乾》曰：“天行健，君子以自强不息。”然后知生于忧患而死于安乐也。”（《孟子·告子（下）》），孟子曰：“吾善养吾浩然之气。”（《孟子·公孙丑（上）》）而“集义生气，则心无愧怍，无往而不可行。”（《王廷相集·慎言·潜心篇》）《尚书》云“满招损，谦受益，时乃天道。”裴度刚正立朝，浑身洋溢这种浩然正气。

孔子曰：“民无信不立。”（《论语·颜渊》）故宋儒张载说：“因明致诚，因诚致明，故天人合一。”

裴度的德功言对当今为官执政者一个民族、国家的道德水准，必须建立在其核心价值观上。习近平同志说：“培育和弘扬社会主义核心价值观必须立足中华优秀传统文化。牢固的核心价值观，都有其固有的根本。抛弃传统、丢掉根本，就等于割断了自己的精神命脉。博大精深的中华优秀传统文化是我们在世界文化激荡中站稳脚跟的根基。”

富强、民主、文明、和谐为国家发展的价值观，自由、平等、公平、法制为社会建设的价值观，爱国、敬业、诚信、友善为个人修养的价值观。这三位一体的核心价值观负载着国家、民族和个人三个层面的精神追求，势必凝结为无穷的精神力量，孕育酿造出美好的精神家园。这一思想的渊薮，精神的源泉，追求的动力，必然引领人们在安身立命的基础上，去追寻，并去努力实现伟大复兴的中国梦。

蜀丞相诸葛武侯祠堂碑

[唐]裴度

度尝度读旧史，祥求往哲，或秉事君之节，无开国之才；得立身之道，无治人之术。四者备矣，兼而行之，则蜀丞相诸葛公其人也。公本系在简策，大名盖天地，不复以云。当汉祚衰陵，人心竟逐，取危定霸者，求贤如不及；藏器在身者，择主而后动。公是时也，躬耕南阳，自比管乐，我未从虎，时称卧龙。《诗》曰：潜虽伏矣，亦孔之炤。“故洲平心与，元直神交。洎乎三顾而许以驱驰。一言而定其机势，于是翼伏刘氏，缵承旧服，结吴抗魏，用蜀称汉，刑政达于荒外，道化行乎域中。谁谓阻深？殷为强国；谁谓堇脆？厉为劲兵。则知地无常行，人无常性，自我而作，若金在镕。故九州之地，魏有其七，我无其一，由僻陋而启雄图，出封疆以延大敌；财用足而不曰浚我以生，干戈动而不曰残人以逞。其底定南方也，不以力制，而取其心服；震叠诸夏也，不敢角其胜负，而止候其存亡；法加于人也，虽死徙而无怨；德及于人也，虽奕叶而见思。此谓精义入神，自诚而明者矣。若其人存，其政举，则四海可平，五服可顷。而陈寿之评，未极其能事，崔浩之说，又诘其成功。此皆以变祚之略，论节制之师，以进取之方，语化成之道，不其谬欤？夫委弃荆州，不能遂有三郡，此乃务增德以吞宇宙，不黩武以争寻常。及出斜谷，据武功，分兵屯田，为久驻之计，与敌对垒，待可胜之期，杂乎居人，如适虚邑，彼则丧气，我方养成，若天假之年，则继大汉之祀，成先主之志，不难矣。且权顷一国，声震八纮，上下无异词，始终无愧色，苟非运膺五百，道冠生知，曷以臻于此乎？故玄德知人之明者，倚仗曰鱼之有水；仲达奸人之雄者，嗟称曰天下奇才。度没迹其行事，度其远心，愿奋短札，以排群议，而文字蚩鄙，志愿未果。元和二年冬十月，圣上以西南奥区，寇乱余孽，罢甿未息，污俗未清，辍我股肱，为之父母，乃诏相国临淮公，由秉钧之重，承推毂之寄，戎轩乃降，藩服乃理，将明帝道，陬落绥怀，溥畅仁风，闾阎滋殖，府中无留事，宇下无弃才，人知向方，我有余地，则诸葛公在昔之治，与相国当今之政，异代而同尘矣。度谬以庸薄，获参管记，随旌旄而爰止，望祠宇而修谒，有仪可象，以赫厥灵，虽徽烈不忘，而碑表未立。古者或拳拳一善，或师长一城，尚留斯文，以示来裔，况如仁之叹，终古不纪，其可厥乎？乃刻贞石，庶此都之人，存必拜之感云尔。

铭曰：昔在先主，思启疆宇。扰攘靡依，英雄无辅。爰得武侯，先定蜀土。道德城池，礼义干橹。煦物如春，化人如神。劳而不怨，用之有伦。柔服蛮落，铺敦渭滨。摄迹畏威，杂居怀仁。中原旰食，不测不克，以待可胜，允臻其极。天未悔祸，公命不果，汉祚其亡，将星中堕。反旗鸣鼓，犹走司马。死而可作，当小天下。尚父作周，阿衡佐商，兼齐管、晏，才忽汉萧、张。易代而生，易地而理。遭遇丰约，亦皆然矣。呜呼！奇谋奋发，美志夭遏。吁嗟严、立，咸受谪罚。闻之痛之，或泣或绝。甘棠勿翦，骈邑斯夺。由是而言，殊途共辙。本于忠恕，孰不感悦。苟非诚悫，徒云固结。古柏森森，遗庙沈沈。不殄禋祀，以迄于今。靡不骏奔，若有照临。蜀国之风，蜀人之心。锦江清波，玉垒峻岑。入海际天，知公德音。

元和四年，岁在己丑，二月二十九日建

唐平淮西碑

[唐]韩愈

天以唐克肖其德，圣子神孙，继继承承，于千万年，敬戒不怠，全付所覆，四海九州，罔有内外，悉主悉臣。高祖太宗，既除既治。高宗中睿，休养生息。至于玄宗，受报收功，极炽而丰。物众地大，孽芽其间。肃宗代宗，德祖顺考，以勤以容。大慝适去，稂莠不薅，相臣将臣，文恬武嬉，习熟见闻，以为当然。睿圣文武皇帝既受群臣朝，乃考图数贡曰："呜呼！天既全付予有家，今传次在予。予不能事事，其何以见于郊庙？"群臣震慑，奔走率职。明年平夏，又明年平蜀，又明年平江东，又明年平泽潞，遂定易定，致魏博贝卫澶相，无不从志。皇帝曰："不可究武，予其少息。"九年，蔡将死，蔡人立其子元济以请。不许，遂烧舞阳、犯叶、襄城，以动东都，放兵四劫。皇帝历问于朝，一二臣外皆曰："蔡帅之不庭授，于今五十年，传三姓四将，其树本坚，兵利卒顽，不与他等。因抚而有，顺且无事。"大官臆决唱声，万口和附，并为一谈，牢不可破。皇帝曰："惟天惟祖宗所以付任予者，庶其在此。予何敢不力？况一二臣同，不为无助。"曰："光颜！汝为陈许帅，维是河东、魏博、郃阳三军之在行者，汝皆将之。"曰："重胤！汝故有河阳、怀，今益以汝。维是朔方、义成、陕、益、凤翔、延庆七军之在行者，汝皆将之。"曰："弘！汝以卒万二千，属而子公武往讨之。"曰："文通！汝守寿，维是宣武、淮南、宣歙、浙西四军之行于寿者，汝皆将之。"曰："道古！汝其观察鄂岳。"曰："愬！汝帅唐、邓、随，各以其兵进战。”曰：“度！汝长御史，其往视师。”曰：“广度！惟汝予同，汝遂相予，以赏罚用命不用命！”曰：“弘！汝其以节都统诸军。“曰：“守谦！汝出入左右，妆惟近臣，其往抚师。”曰：“度！汝其往，衣服饮食予士。无寒无饥，以既厥事。遂生蔡人，赐汝节斧，通天御带，卫卒三百。凡兹廷臣，汝择自从。惟其贤能，无惮大吏。庚申，予其临门送汝。”曰：“御史！予悯士大夫战甚苦，自今以往，非郊庙祠祀，其无用乐。”

颜、胤、武合攻其北，大战十六，得栅城县二十三，降人卒四万。道古攻其东南，八战，降万三千。再入申，破其外城。文通战其东，十余遇，降万二千。愬人其西，得贼将，辄释不杀；用其策，战比有功。十二年八月，丞相度至师，都统弘责战益急，颜、胤、武合战亦用命。元济尽并其众洄曲以备。十月壬申，愬用所得贼将，自文城因天大雪，疾驰百二十里，用夜半到蔡，破其门，取元济以献。尽得其属人卒。辛巳，丞相度入蔡，以皇帝命赦其人，淮西平，大飨赉功。师还之日，因以其食赐蔡人。凡蔡卒三万五千，其不乐为兵，愿归为农者十九，悉纵之。斩元济京师。册功，弘加侍中，愬为左仆射，帅山南东道。颜、胤皆加司空，公武以散骑常侍帅鄜坊、丹、延，道古进大夫，文通加散骑常侍，丞相度朝京师，道封晋国公，进阶金紫光禄大夫，以旧官相，而以其副总为工部尚书，领蔡任。既还奏，群臣请纪圣功，被之金石。皇帝以命臣愈。臣愈再拜稽首而献文曰：

唐承天命，遂臣万邦；孰居近土，袭盗以狂。往在玄宗，崇极而圮，河北悍骄，河南附起。四圣不宥，屡兴师征，有不能克，益戍以兵。夫耕不食，妇织不裳，输之以车，为卒赐粮。外多失朝，旷不岳狩，百隶怠官，事忘其旧。帝时继位，顾瞻咨嗟；惟汝文武，孰恤予家。既斩吴蜀，旋取山东，魏将首义，六州降从。

淮蔡不顺，自以为强，提兵叫谁，欲事故常。始命讨之，遂连奸邻，阴遣刺客，来贼相臣。方战未利，内惊京师；群公上言，莫若惠来。帝为不闻，与神为谋，乃相同德，以讫天诛。

乃敕颜、胤、愬、武、古、通，咸统于弘，各奏汝功。三方分攻，五万其师，大军北乘，厥数倍之。常兵时曲，军士蠢蠢，既翦陵云，蔡卒大窘。胜之邵陵，郾城来降，自夏入秋，复屯相望。兵顿不励，告功不时，帝哀征夫，命相往厘。士饱而歌，马腾于槽，试之新城，贼遇败逃。尽抽其有，聚以防我，西师跃入，道无留者。额额察城，其疆千里，既入而有，莫不顺俟。

帝有恩言，相度来宣："诛止其魁，释其下人。"蔡之卒夫，投甲呼舞，蔡之妇女，迎门笑语。蔡人告饥，船粟往哺；蔡人告寒，赐以缯布。始时蔡人，禁不往来；今相从戏，里门夜开。始时蔡人，进战退戮，今旰而起，左飧右粥。为之择人，以收余惫，选吏赐牛，教而不税。蔡人有言：始迷不知；今乃大觉。羞前之为。蔡人有言：天子明圣，不顺族诛，顺保性命。汝不吾信，视此蔡方；孰为不顺，往斧其吭。凡叛有数，声势相倚，吾强不支，汝弱奚恃？其告而长，而父而兄，奔走偕来，同我太平。淮蔡为乱，天子伐之，既伐而饥，天子活之。始议伐蔡，卿士莫随，既伐四年，小大并疑。不赦不疑，由天子明。凡此蔡功，惟断乃成。既定淮蔡，四夷毕来；遂开明堂，坐以治之。

历代关于裴度的评价

唐宪宗李纯（778—820；805—820在位）

吾用度一人，足以破此二贼矣。

为时降生，协朕梦卜，精辨宣力，坚明纳忠。当轴而才谋老成，运筹而智略有定。司其枢务，备知四方之事；付以兵要，必得万人之心。

唐代韩愈（768—824）

凡此蔡功，唯断乃成。

唐代韦处厚（773—828）

臣伏以裴度勋高中夏，声播外夷，廷凑、克融皆惮其用，吐蕃、回鹘悉服其名。

唐代杜牧（803—约852）

裴公抚安魏博，使田氏尽归六州，元和中，翦蔡剧贼于洛师胁下，招来常山，质其二子以累其心，取十三城使不得与齐交手为寇，因诛师道，河南尽平。当是时，天下几至于太平。凡此十九公，皆国家与之存亡安危治乱者也。

唐文宗李昂（809—840；826—840 在位）

禀河岳之英灵，受乾坤之间气；珪璋特达，城府洞开。外茂九功，内苞一德。器为社稷之镇，才实邦国之桢。故能祗事累朝，宣融景化。在宪宗时，扫涤区宇，尔则有出车殄寇之勋；在穆宗时，混同文轨，尔则有参戎入辅之绩；在敬宗时，阜康兆庶，尔则有活国庇人之勤。迨弼朕躬，总齐方夏，尔则有吊伐底宁之力。皆不遗庙算，布在简编，功利及人，不可悉数。

唐代白居易（772—846）

绿野堂开占物华，路人指道令公家。令公桃李满天下，何用堂前更种花。

唐代李商隐（约 813—约 858）

帝得圣相相曰度，贼斫不死神扶持。腰悬相印作都统，阴风惨澹天王旗。愬武古通作牙爪，仪曹外郎载笔随。行军司马智且勇，十四万众犹虎貔。入蔡缚贼献太庙，功无与让恩不訾。帝曰汝度功第一，汝从事愈宜为辞。

唐代李郢

四朝忧国鬓如丝，龙马精神海鹤姿。天上玉书传诏夜，阵前金甲受降时。曾经庾亮三秋月，下尽羊昙两路棋。惆怅旧堂扃绿野，夕阳无限鸟飞迟。

唐代李肇

宪宗朝，则有杜邠公之器量，郑少保之清俭，郑武阳之精粹，李安邑之智计，裴中书之秉持，李仆射之强贞，韦河南之坚正，裴晋公之宏达，亦各行其志也。

唐宣宗李忱（810—859；846—859年在位）

朕以宪宗皇帝道叶中兴，威加寰海。开启圣意，则有杜黄裳；弼成功业，则有裴度。

唐代李德裕（787—850）

裴度始以谋策除害，佐烈祖之中兴，终以忠贞立朝，毗累圣之鸿业，经纬之志，华皓不衰，功勋烂然，图史辉焯。

五代时期刘昫（887—946）

德宗惩建中之难，姑息藩臣，贞元季年，威令衰削。章武皇帝志据宿愤，廷访嘉猷。始得杜邠公，用高崇文诛刘辟。中得武丞相，运筹训戎，赞成睿断。终得裴晋公，耀武伸威，竟殄两河宿盗。雄哉，章武之果断也！晋公以书生素业，致位台衡，逢进遘屯，扼腕凶丑，誓以身徇，不亦壮乎！夫人臣事君，唯忠与义。大则以訏谟排祸难，小则以谠正匡过失，内不虑身计，外不恤人言，古人所难也。晋公能之，诚社稷之良臣，股肱之贤相；元和中兴之力，公胡让焉！昔仲尼叹周室陵迟，齐桓霸翼，而有微管之论。尝承宗、师道之济恶也，奸人遍四海，刺客满京师。乃至关吏禁兵，附贼阴计，议臣言未出口，刃已揕胸。苟非死义之臣，孰肯横身冒难，以辅天子者？苟裴令不用，元和之世则时运未可知也。臣所以明左衽之叹，宣圣奖贤之深。

晋公伐叛，以身犯难。用之则治，舍之则乱。公去岩廊，复失冀方。颖、植之谋，信为不臧。

北宋宋祁（998—1061）

宪宗讨蔡，出入四年。元济外连奸臣，刺宰相及用事者，沮骇朝谋。唯天子赫然排群议，任度政事，倚以讨贼。身督战，遂平淮西。非度破贼之难，任度之为难也。韩愈颂其功曰：“凡此蔡功，唯断乃成。”其知言哉！穆宗不君，憸人腐夫乘衅镌诋，而度遂无显功。非前智后愚，用不用，势当然矣。前史称度晚节颇浮沉为自安计，是不然。《大雅》曰：“既明且哲，以保其身。”度何訿云。

北宋夏竦（985—1051）

在昔乃祖，实相有唐。殲厥凶渠，尽力王室。岁月滋久，功名愈高。

北宋司马光（1019—1086）

度身貌不逾中人，而威望远达四夷。四夷见唐使，辄问度老少用舍。以身系国家轻重如郭子仪者，二十余年。

北宋范祖禹（1041—1098）

昔周宣王任贤使能，吉父征伐于外，而王之所与处者，张仲孝友也。

夫使文武之臣征伐，而左右前后得贞良之士善其君心，则谗言不至，而忠谋见用，此所以能成功也，苟使憸邪之人从中制之，则虽吉父无以成其功，宣王能复文武之业，以致中兴者，内顺治而外威严也。穆宗庸昏，奸谄在侧，裴度欲先正其本而后治其末，图其大而后忧其小，此辅相之职业也，而其君多僻，卒无成功，盖自古命将出帅，而小人沮之于内，未有能克胜者也，可不为深戒哉。

裴度之相宪宗，李德裕之相武宗，皆有功烈，为唐贤相，大中以后无能继之者。

北宋苏辙（1039—1112）

玄宗初用姚崇、宋璟、卢怀慎、苏颋，后用张说、源乾曜、张九龄；宪宗初用杜黄裳、李吉甫、裴垍、裴度、李绛，后用韦贯之、崔群。虽未足以方驾房、杜，然皆一时名臣也。故开元、元和之初，其治庶几于贞观。

昔者汉之贾谊，谈论俊美，止于诸侯相，而陈平之属，实为三公；唐之韩愈，词气磊落，终于京兆尹，而裴度之伦，实在相府。夫陈平、裴度未免谓之不文，而韩愈、贾生亦常悲于不遇。

北宋叶梦得（1077—1148）

唐人房乔、裴度优于德量，宋璟、张九龄优于气节，魏郑公、陆贽优于学术，姚崇、李德裕优于材能，姚崇蔽于权数，德裕溺于爱憎，则所胜者为之累也。

南宋葛立方（？—1164）

裴度平淮西，绝世之功也。韩愈《平淮西碑》，绝世之文也。非度之功不足以当愈之文，非愈之文不足以发度之功。

北宋王谠

裴晋公为相，布衣交友、受恩子弟，报恩奖引不暂忘。

南宋吕中

东汉、李唐所以有女主、宦官、外戚之祸者，以立天子之权尽出其手，虽李固、杜乔、裴度、郑覃之徒不能正之也。

南宋徐钧

功名久震平淮后，机务方闲罢相馀。晚节浮沉非失计，一园花竹午桥居。

南宋胡三省（1230—1302）

观裴度不附群议，请身督战，则韩愈平淮西碑推功于度，有以也。

元代方回（1227—1305）

裴晋公度累朝元老，于功名之际盛矣，而诗人出其门尤盛。

明代王世贞（1526—1590）

余尝怪唐中兴以后，称贤相者独举裴晋公，不及李文饶，以为不可解。

明代归有光（1507—1571）

君德赖以培养，生民赖以滋息，社稷赖以镇定，此忠厚之臣也。其在于古，若偿金、脱骖、翻羹、唾面之类，皆可以言忠厚也。其大者，则如曹参、周勃、丙吉、狄仁杰、郭子仪、裴度、吕端、王旦、韩琦之徒是也。

明代孔贞运（1574—1644）

其（袁可立）奏议剀切有当，帝心似陆，宣公至若决策，击贼蹙之远徙，则裴晋公淮蔡之断也！

陈子龙（1608—1647）

自汉以后，文武渐分，然犹有虞诩、诸葛亮、周瑜、陆逊、司马懿、羊祜、杜预、温峤、谢玄、韦睿、崔浩、李靖、裴行俭、郭元振、裴度、李德裕、韩琦、李纲、虞允文之徒奋策儒素建功阃外，为时宗臣。彼岂必有搏虎之力，射雕之技哉？不过深明古今之事，能决机宜之便耳。

明末清初王夫之（1619—1692）

其后如陆贽、杜黄裳、裴度，立言立功，赫奕垂于没世，而宁静淡泊，固非其志行之所及也。

中立之兼将相也，与汾阳（郭子仪）异。汾阳将而相者也，其相，宠之也，去就不关其名节，留身于浮沈之闲，以为他日社稷之寄，将臣之道也。中立相而将者也，其将，假以秉钺为三军之重，而固非将也，留身于浮沈之闲，则道以身轻，而不足为宗社生民之卫；李逢吉、元稹乃至无赖之郑注，皆可颉颃以为伍，身即留而固不足建他日补天镇海之功，多言数穷，以激小人而坚护其恶，岂徒无补，而害且因之益滋矣。元稹、魏弘简用而三叛罢征，三叛割据而元稹复相，沃膏救火，火乃愈炽，斯君子所重为中立惜也。汾阳默而唐安，中立屈而唐乱，时各有权，道各有分，人各有司，故二公者，地异而不可并论者也。

穆宗在位四年耳，以君子，则裴度也、李绅也、韩愈也。

主要参考文献

1 [北宋]欧阳修、宋祁等修撰:《新唐书》,中华书局,1975年。

2 [五代]刘昫修撰:《旧唐书》,中华书局,1975年。

3 [北宋]司马光主编:《资治通鉴》,中华书局,1975年。

4 [北宋]王溥撰:《唐会要》,中华书局,1975年。

5 [清]彭定求、沈三曾等编校:《全唐诗》,中华书局,1960年。

6 [清]董诰、阮元等编撰:《全唐文》,中华书局,2000年。